ONIKA

Bri Jones

Publicado en los Estados Unidos por Bri Jones.

ISBN-10: 0996470247
ISBN-13: 978-0-9964702-4-7

Impreso en los Estados Unidos de América
brijones128@gmail.com

Dedico este libro a mi hijo, quien es, con mucho, el verdadero príncipe azul. No hay palabras para expresar que feliz y bendecida estoy por ser tu madre. Siempre encuentras una manera de traer más alegría a mi vida. Siempre haz lo mejor posible, ya que el cielo no es el límite. Te amo por siempre.

AGRADECIMIENTOS

En el primer lugar, le doy gracias a Dios por la visión y la imaginación para escribir este libro. También le agradezco a mi hijo maravilloso por su paciencia, motivación para alcanzar mis metas. Mi hijo me mantiene sonriendo. Mi hijo es mi inspiración para seguir mejorando mis conocimientos y avanzar en mi carrera.

Me gustaría dar las gracias a mi hermano por la corrección de pruebas y de intercambio de ideas conmigo para desarrollar nuevas ideas para este libro. Me gustaría dar las gracias a mis padres, hermanos, amigos y familiares adicional por su constante apoyo en todos mis viajes diferentes.

Otra vez, gracias a toda mi familia y amigos para compartir mi emoción en el inicio de esta empresa y su continuo aliento cuando me desanimé en la realización de este libro. Gracias a mi editor, Tracy L. Scott y diseñador de la portada del libro, David Martínez por su tiempo y trabajo duro. Por último, quiero dar las gracias a ustedes, los lectores, por su apoyo en la compra de mi libro. Estoy muy apreciada por todo su apoyo.

Capítulo Uno

En la hermosa tierra de África había uno de los reinos más grandes y prestigiosos, conocidos como Zalaya. Zalaya era dirigido por el muy respetado y amado Rey Mateo y la Reina Cecilia. Tenían una hija hermosa, inteligente y vigorosa, llamada Princesa Onika. Princesa Onika no era como la princesa de la tradición; ella era muy aventurera, saliente, a menudo humorística y, sobre todo, tenía el corazón más grande que alguien pudiera ser conocido por tener. Todo el mundo que interactuó con la princesa crece su amor al instante a causa de su verdadero espíritu y amabilidad. La princesa tenía una sonrisa hermosa que podría iluminar cualquier día lluvioso y una voz que podía calentar su alma. La princesa tenía los ojos de color avellana brillante y cabello rizado, largo y grueso, castaño rojizo oscuro. La princesa tenía una distinguida sentido de la moda que disfrutó presentar en sus joyas, la ropa, el pelo y otros accesorios. Princesa Onika a menudo compartía sus muchos talentos y la creatividad con los niños y los adultos jóvenes de su reino. Princesa

Onika también pasaba mucho tiempo con los ancianos de su reino, escuchando las historias y aprendiendo de su sabiduría. Princesa Onika no hizo estas cosas para ganar el respeto y la lealtad de sus ciudadanos, sino que era porque ella realmente disfrutó el tiempo y las experiencias que compartía con todos. Princesa Onika tenía un espíritu alegre y con frecuencia lo compartía por cantando y tarareando mientras caminaba o bailaba a lo largo de los patios del reino. Princesa Onika le trajó tranquilidad a su padre cada vez que la escuchaba cantar.

En el reino Zalaya, así como muchos otros reinos en África, fue la ceremonia tradicional de matrimonio arreglado que era tan sólo ocho meses de distancia de la princesa Onika. Princesa Onika se reuniría con su futuro marido por la primera vez durante la ceremonia de matrimonio tradicional, que se llevara a cabo en ocho meses. Tradicionalmente, el Rey dirigió el proceso de selección del Príncipe y junto al Rey y la Reina estaría de acuerdo en la decisión final. Esta fue una ceremonia tradicional altamente honrada que muchos líderes de otros reinos asistirían. Princesa Onika nunca fue aficionado a esta tradición y, a menudo había dado a sus padres un tiempo difícil de seguir con esta ceremonia. Princesa Onika sentía que ella debería ser capaz de recoger su propio marido o por lo menos ser parte del proceso. Por desgracia, el rey Mateo era firme en la defensa del honor de la tradición, ya que se había aplicado con éxito durante muchos siglos. Onika sólo podía desear que ella y su marido pudiera sentir el mismo amor que sus padres comparten.

El reino Zalaya fue bien conocido por su celebración del festival anual, que incluyó música, baile, obras de arte, concursos de talentos, platos personalizados de todo el reino y muchos otros eventos que duró siete días. Gente de numerosos reinos en toda África podría asistir a esta celebración del festival anual y presentar regalos en honor del rey, la reina y la princesa. Esta celebración del festival fue uno de los momentos favoritos de la princesa Onika del año. Fue una oportunidad de conocer Onika a gente nueva y participar en todas las actividades.

Princesa Onika comenzó a prepararse para el primer día del festival. Sentía como si no pudiera vestirse lo suficientemente rápido para llegar a las puertas del palacio para empezar a disfrutar de las actividades. Princesa Onika siempre disfrutó participar de forma activa en el festival, la interacción con los clientes y conocer gente nueva de los reinos distintos. Durante los dos primeros días de la fiesta, princesa Onika recibió el mayor número de clientes que pudo llegar y ayudó a los ciudadanos configurar Zalaya sus escaparates de las tiendas y juegos para los visitantes y huéspedes. Princesa Onika también se aseguró de que comprar algunos accesorios para añadir a su colección y el sabor de los platos caseros de encargo.

En el tercer día del festival, mientras que los ciudadanos bailaban su segmento de danza tradicional, la princesa Onika fue abordado por un hombre apuesto, que quería bailar. Su nombre era Príncipe Ezra del cuarto reino más grande de África y esta era su primera vez de asistir a la celebración del festival anual de Zalaya. Princesa Onika y Príncipe Ezra bailaron durante horas, lo que a ellos se sentían como segundos eternos. Durante una pausa en el baile, empezaron a caminar por el patio festival y disfrutar de algunos de los platos especializados y otras formas de entretenimiento. Los Príncipes recorrieron el patio festival por horas disfrutando de la compañía del otro.

Ellos compartieron muchas historias y risas mientras disfrutaban de atracciones diferentes del festival. A medida que los ciudadanos de Zalaya comenzaron a prepararse para el segmento de baile final antes de la fiesta de finalización para la noche, Príncipe Ezra y Princesa Onika comenzaron a caminar hacia los bailarines.

Desde la plataforma del palacio el rey mantenía una estrecha visual de la princesa y su nuevo amigo, el Príncipe. El rey no estaba contento con la interacción intima entre la princesa y el príncipe, el rey envió a un criado para recuperar la princesa con prontitud para interrumpir más participación. A medida que el criado se acercó a la princesa para informarle de la solicitud inmediata del Rey de su presencia, el Príncipe rápidamente agarró una rosa de la mesa más cercana. A medida que el príncipe presentó a la princesa con la rosa, le besó la mano y le dijo a la princesa que volvería antes de la celebración del festival terminó en el último día. Cuando la princesa Onika llegó a la sala donde su padre estaba esperando impacientemente por ella, el rey se disculpó de inmediato de todos en la habitación para hablar con su hija en privado. Antes de que la princesa pudiera decir algo, el rey exigió que la princesa nunca viera al Príncipe de nuevo. En un tono decepcionante el rey dijo: "¿Has olvidado que te casarás en ocho meses?" El rey siguió informando a la princesa de todo el tiempo y esfuerzo que puso en la selección del mejor príncipe sintió que sería el más adecuado para ella, a casarse y ayudar a dirigir el reino un día. La reina sugirió que la princesa estaba teniendo una diversión inocente con el Príncipe. (La princesa pensó que, aunque sea inocente su interacción, ella realmente le gusta a el Príncipe como algo más que un amigo). El rey respondió: "no se ve bien con la princesa desfilando por el patio del festival de esa manera con otro príncipe sobre todo porque el anuncio oficial ha ido por delante de la ceremonia de matrimonio tradicional próximo. No es una imagen favorable para la princesa ni de ambos reinos involucrados tampoco". Como habló Rey Mateo, la mente de la princesa Onika se alejó pensando en Príncipe Ezra, pero sabía que tenía que detener su sonrisa aún más frustrante para evitar su padre. Como princesa Onika fue despedida por su padre y se dirigió hacia su habitación, ella no pudo evitar una sonrisa de todos los pensamientos del día mágico que tuvo con el Príncipe Ezra.

Príncipe Ezra supo desde la primera interacción con la princesa Onika que estaba destinado a ser su reina. Príncipe Ezra nunca había sido tan hipnotizado por cualquier princesa antes, pero había algo especial acerca de Princesa Onika. Príncipe Ezra no podía decidir si era la hermosa sonrisa de Onika, ojos de color avellana vibrantes o el pelo rojizo largo que lo cautivó lo máximo. Príncipe Ezra amaba su personalidad, sentido de humor y el sonido de su risa. Príncipe Ezra podía decir que princesa Onika era una persona sensible y gentil por su interacción con los ciudadanos de su reino. Cuando el Príncipe Ezra regresó a su reino, no podía esperar para decirle a su hermano menor, Omar, sobre Princesa Onika. Príncipe Omar estaba contento de saber que su hermano conoció a alguien que realmente le gustaba, pero no tienen el mismo aprecio por la princesa Onika como Príncipe Ezra esperaba. Príncipe Omar estaba más centrado en los deportes y otras actividades que cualquier otra cosa. Príncipe Ezra le quería contar también a su mejor amigo, el Príncipe Ramiro, pero como sus responsabilidades en sus respectivos reinos crecieron más exigente no tenía mucho tiempo para pasar el rato. Príncipe Ezra y Príncipe Ramir se conocieron hace más de 10 años en el entrenamiento de verano y de inmediato se hicieron inseparables. Lucharon y argumentaron como hermanos, pero siempre encontraron una manera de reconciliar sus diferencias.

En el cuarto día de la celebración del festival, la princesa Onika se dirigió hacia las puertas del palacio y el rey pidió su presencia, de inmediato. Rey Mateo le recordó a su hija de su conversación de ayer y la princesa respondió que ella entendía. Princesa Onika continuó sus actividades de forma normal a través de los patios del festival con los ciudadanos e invitados. Aunque la princesa sabía lo que su padre le dijo, ella todavía tenía la esperanza de ver a Príncipe Ezra de nuevo. Al finalizar el día del festival, la princesa estaba un poco decepcionada de no ver Príncipe Ezra, pero sabía que todavía había tres días más hasta la celebración del festival.

Durante tres días, princesa Onika prevé el regreso de Príncipe Ezra, creciendo desanimado que nunca volvería a ver a su príncipe azul de nuevo. Como prometió Príncipe Ezra, hacia el final del último día del festival, regresó al reino Zalaya. Pronto después de la llegada del Príncipe Ezra, Princesa Onika se fijó en él y al instante se emocionó! La princesa sabía que tenía que encontrar una manera de hablar con el príncipe sin llamar la atención de su padre. El Rey se hizo claro a su hija que estaba prohibido hablar o tener cualquier otra interacción con el príncipe de nuevo. Princesa Onika siempre disfrutaba tomando el riesgo de vez en cuando; Sin embargo, ella nunca deshonró a sus padres de tal manera. Princesa Onika vivió para la aprobación definitiva de sus dos padres, pero sobre todo su padre. A pesar de que ella no quería decepcionarlos, el corazón de la princesa Onika no podía dejarla hacer nada.

Princesa Onika pudo salir discretamente el lado del rey y correr a su habitación para cambiarse de ropa que eran un poco menos visible. Una vez que la princesa Onika alcanzó el patio festival, se encuentra Príncipe Ezra. Princesa Onika fue capaz de llamar la atención del príncipe Ezra sin causar ninguna conmoción. La princesa dirigió al príncipe a una zona aislada donde podían hablar brevemente. Princesa Onika dijo a Príncipe Ezra que quería seguir viéndolo después de la fiesta terminó. Príncipe Ezra estaba contento de escuchar eso, porque él sentía lo mismo. Ambos hicieron planes para reunir afuera de las yardas reino después de la princesa terminó sus visitas de rutina a los ciudadanos mayores de su reino. Onika princesa sabía que sus visitas variaron con los ciudadanos mayores, por lo que no sería sospechosa a sus padres si llegaron tarde regresar al palacio.

Princesa Onika y el Príncipe Ezra se reunieron como estaba previsto fuera de la entrada reino y luego anduvieron a caballo un poco más hasta que encontraron una ubicación buena. La ubicación que encontraron fue una abertura estrecha del bosque por un río que se llama La Perla. La zona estaba llena de coloridas plantas, árboles y flores. Princesa Onika era muy nerviosa a reunir con Príncipe Ezra el primer día, porque todo lo que podía oír era la voz de su padre le prohíbe volver a verlo. A medida que se montaron sus caballos alrededor de los patios abiertos, la voz de su padre comenzó a desvanecerse. Príncipe Ezra era un caballero muy agradable, divertido y fuerte. Princesa Onika realmente disfrutaba de su compañía. Parecía que nunca se queda sin cosas de qué hablar. Ellos compartieron historias sobre sus reinos, las familias, los amigos y cosas sobre sí mismos. Tenían muchas cosas en común: ambos disfrutaron de ayudar a la gente, montar a caballo, jugar deportes, la exploración de nuevos bosques tropicales fuera de sus respectivos reinos y divertirse con la familia y amigos. A menudo, cuando el príncipe y la princesa Ezra Onika se reunirían que competirían en sus caballos por el bosque para ver quién sería encontrar la manera de salir en primer lugar. Se llevaban largos paseos para explorar nuevas áreas o simplemente sentarse en la hierba para hablar y compartir risas. Reunión entre sí fue lo más destacado de sus días y disfrutaron la compañía mutua tanto que nunca quisieron salir entre sí. Despedirse al final de cada noche siempre era la parte más difícil.

Tres meses habían pasado rápidamente, ya que la princesa y el príncipe encontraron por primera vez en el festival. La amistad una vez inocente era creciendo cada vez más en una conexión emocional. La princesa continuó temer cada vez más cercano de la ceremonia de matrimonio. Princesa Onika decidió expresar los sentimientos que ella había desarrollado para Príncipe Ezra y él confirmó que él sentía lo mismo por ella. Princesa Onika también era reacia a informar a Príncipe Ezra de su próxima ceremonia de matrimonio arreglado en unos pocos meses. Perturbado por lo que la princesa Onika le estaba diciendo, Príncipe Ezra no se sorprendió porque él estaba muy familiarizado con las tradicionales ceremonias de matrimonio arreglado que se implementaron a través de muchos de los reinos de África. A medida que su noche juntos llegó a su fin, el Príncipe Ezra besó suavemente Princesa Onika en la frente y en silencio sugirió que no se ven más después de esta tarde. Como se puso de pie Príncipe Ezra, él tomó la mano de la princesa Onika para ayudarla a ponerse de pie y luego le besó la mano y le dijo: "Usted siempre estará en mi corazón."

El corazón de la princesa Onika no quería decir adiós a su primer amor, pero la princesa sabía que sólo haría las cosas más complicadas si continuaban ver entre sí. Contra sus deseos, la princesa lo dejó salir, y ella tristemente sopló Príncipe Ezra un beso de despedida y le agitó. Era difícil para el príncipe Ezra a salir – supo que él no puede ver más a la princesa. Príncipe Ezra sabía que tenía que ser fuerte, porque el paso del tiempo no lo hace más fácil. A medida que las lágrimas corrían por el rostro de Princesa Onika, recogió sus cosas y comenzó su viaje de regreso al palacio.

   Princesa Onika entró el palacio y se fue
directamente a su habitación tratando de evitar
cualquier contacto con alguien. Normalmente, cuando
la princesa regresaría de una de sus excursiones, les diría
a sus padres todo, pero sus encuentros con el príncipe
eran la excepción, por supuesto. Esto hizo que fuera
evidente para el rey y la reina que algo estaba
molestando a la princesa. Rey Mateo fue a la habitación
de la princesa Onika para ver cómo estaba y asegurarse
que todo estaba bien. Rey Mateo deseaba asegurarse de
que todo transcurrió sin problemas durante las visitas
de la princesa Onika a los ciudadanos mayores del
reino. Princesa Onika aseguró a su padre que todo ha
ido bien; Sin embargo, sólo necesitaba un poco de
tiempo sola. Un poco confundido, Rey Mateo dejó la
habitación de Princesa Onika. Como Rey Mateo volvió
de nuevo a Reina Cecilia, ella lo preguntó sobre el
resultado de su breve visita con su hija. El rey no tenía
una respuesta para la reina, pero sabía que algo no
estaba bien. Rey Mateo y Reina Cecilia decidieron dejar
que la princesa descano y la reina iban a ver en ella otra
vez el día siguiente si nada cambia.

El día siguiente, el rey y la reina observaron el comportamiento de la princesa durante el desayuno y durante todo el día. El comportamiento de la princesa Onika fue ligeramente mejor que el día anterior; Sin embargo, ella todavía no estaba del todo a sí misma. Princesa Onika trató lo más fuerte posible de regresar a su comportamiento normal y optimista dentro del palacio, pero la verdad era que tenía un corazón roto. Princesa Onika sabía que no podía hablar con sus padres sobre eso porque estaba prohibido para ver Príncipe Ezra otra vez durante el festival. Según lo acordado, más tarde esa noche, Reina Cecilia visitó la habitación de Princesa Onika para ver cómo estaba. Princesa Onika sabía que tenía que presentar a su madre con una buena justificación para los cambios en su comportamiento, por lo que dejaría de preguntar. Como Reina Cecilia cepilló y trenzó el pelo de la princesa Onika, Reina Cecilia expresó sus preocupaciones con el comportamiento de Princesa Onika lo largo de los últimos dos días. Onika princesa no quería mentir, pero sabía que no podía decirle a su madre que su corazón estaba roto tampoco. Así que la princesa respondió que ella no estaba lista para casarse y estaba muy nervioso. (Princesa Onika sintió que la divulgación fue un compromiso porque era verdad, pero no toda la verdad). Preguntó la reina Cecilia, "¿Estás seguro de que no hay otra razón?" Onika princesa hizo una pausa y respondió: "No, madre, es por eso." Reina Cecilia trató de dar princesa Onika algunas palabras de aliento para ayudar a hacer frente a sus sentimientos. La Reina también compartió que ella sentía lo mismo antes de se casó con el padre de Onika. Se tomaron el tiempo para llegar a conocer unos a otros y pronto ambos se enamoraron profundamente entre sí. La reina añadió que ella no cambiaría el rey para otro en el mundo. Reina Cecilia asegurado princesa Onika que a veces hay que confiar en el juicio y las decisiones de sus padres, porque su experiencia de vida y sabiduría podrían resultar en una vida más feliz y más exitoso en el largo plazo. Esto dio a la princesa Onika ligera esperanza para su matrimonio inminente.

CAPÍTULO DOS

Fue unos día hasta la ceremonia del matrimonio y
la unión de los dos reinos, Reina Cecilia ayudó a la
Princesa Onika con sus preparaciones finales para la
ceremonia. La ceremonia se llevaría a cabo en un lugar
central entre los dos reinos. Onika princesa estaba muy
nerviosa por conocer a su futuro marido por la primera
vez, pero ella sabía que este era su destino. Princesa
Onika no podía dejar de pensar en Príncipe Ezra
mientras miraba al cielo por la ventana del palacio. La
princesa se preguntó lo que el príncipe estaba haciendo
y si alguna vez pensó en ella. Princesa Onika nunca
dejó de pensar en el príncipe Ezra. A menudo soñaba
con todo el entusiasmo que tenían juntos y un día
volver a reunirse. Reina Cecilia caminaba en silencio
junto a su hija y le echó los brazos alrededor de la
princesa con un gran abrazo. Princesa Onika se volvió
ligeramente para abrazar su madre poniendo su cabeza
sobre el pecho de la reina. La princesa le dijo a su
madre: "Sus abrazos lo arreglan todo." La Reina
aseguró a su hija que todo estaría bien y con una mente
abierta que encontraría la felicidad con su futuro

esposo.

Durante la tarde, los ciudadanos de Zalaya organizaron un desfile en honor de Princesa Onika. El desfile consistió en baterías, bailarines, confeti, banderas, objetos, globos y muchos otros símbolos para mostrar el amor y el respeto que los ciudadanos de Zalaya tenían para su princesa. Tras el desfile fue un concurso de talentos organizado por los jóvenes adultos del reino, en que la princesa tuvo un impacto positivo importante. Como la celebración llegó a su fin y la noche comenzó a caer, la reina sugirió que todos se lleven a la cama temprano debido la largo día les habían esperado por la mañana.

Muy temprano, el sonidos de las trompetas llenó el aire como el sol subió en todo el reino de Zalaya. El rey, la reina y la princesa se reunieron alrededor de la mesa para desayunar y disfrutar de conversaciones breves antes de prepararse para la ceremonia. Antes de abandonar la mesa, Reina Cecilia presentó princesa Onika con una horquilla de la flor hermosa; que era el mismo pasador que llevaba en su boda. Rey Mateo dio entonces Princesa Onika pendientes deslumbrantes que su madre llevaba en su boda. Princesa Onika estaba en

éxtasis por los regalos más sentidas de sus padres.
Princesa Onika abrazó a ambos padres fuertemente y
les dio las gracias por sus regalos sinceros. Rey Mateo
besó la Reina y a su hija y expresó lo mucho que
apreciaba a ambos muy caro y lo orgulloso tenía de
Princesa Onika.

Princesa Onika era acompañado por sus padres a
un carro de plata, blanco y azul que esperó fuera del
palacio. Tradicionalmente, la Reina saldría con la
princesa a la ceremonia, pero la princesa Onika pidió a
montar sola. Reina Cecilia no ha negado la petición de
Princesa Onika y regresó al carro detrás de acompañar
Rey Mateo. El trayecto hasta la ceremonia estaba lleno
de hermosas vistas de animales, plantas, bosques
tropicales y cascadas. Princesa Onika trató dejar de
pensar en el príncipe Ezra y se centran en la vida que
ella estaba a punto de comenzar con su futuro esposo.
Por fin, Princesa Onika encontró un espacio de paz con
la ceremonia de matrimonio y estaba convencida de que
algún día crecería a tener el mismo amor con su marido
que comparten sus padres. Princesa Onika sabía que
estaba haciendo lo mejor para su reino. Llegaron a la
ceremonia y Rey Mateo y Reina Cecilia llevaron

Princesa Onika a las puertas de la ceremonia. Antes de la reina Cecilia fue conducido a la parte delantera de la ceremonia, se dio la vuelta a Princesa Onika para asegurar que estaba bien. Princesa Onika lanzado una hermosa sonrisa y convenció a su madre que todo estaba bien. Justo antes de caminar por el pasillo, el rey Mateo miraba a la princesa Onika y le dijo que estaba muy orgulloso de tenerla como una hija.

Como princesa Onika caminaba por el pasillo con su padre para cumplir con su futuro marido, se sentía seguro de que ella estaba haciendo lo correcto. Como el Rey Mateo y la Princesa Onika se acercaban, pudo ver a su guapo y fuerte futuro marido de pie allí, esperando pacientemente para tomar su mano.Princesa Onika miró a la multitud sólo para hacer contacto visual con el Príncipe Ezra. Príncipe Ezra estaba de pie cerca de la parte delantera, lo que significaba que él sabía que su futuro marido personalmente. Princesa Onika comenzó a entrar en pánico sentir una falta de aliento y ligero mareo. Se agarró el brazo de su padre permanezca equilibrado, mientras sus piernas se debilitaron los pasos que dio más. El rey susurró a la princesa, "La parte difícil es casi terminada. Simplemente tome una respiración profunda." Como Princesa Onika se acercó al altar y comenzó a caminar paso donde el Príncipe Ezra estaba de pie, las lágrimas corrían por su rostro y sus manos comenzaron a temblar. Rey Mateo susurró a la princesa, "Por favor, no nos avergonzar a nosotros ni el reino; usted puede hacer esto. Es tu destino." A medida que el rey le soltó el brazo de la princesa, que lo reemplazó con el brazo de su futuro marido, el príncipe Ramiro.

Princesa Onika no quería avergonzar a sus padres, pero cuanto más la catedral continuó hablando, más sentía que no podía casarse con este hombre. Princesa Onika perdió toda esperanza de que esto sea su destino. Princesa Onika ya se enamoraba con Príncipe Ezra y cuáles son las posibilidades de conocerlo personalmente su marido dispuesto? Princesa Onika no estaba segura de si esto era una prueba de su lealtad o una señal de que ella y Ezra estaban destinados a estar juntos. Mientras miraba al Príncipe Ramir, sabía que cualquier princesa estaría feliz de casarse con él, pero no podía evitar a darle la vuelta y mirar a la cara de Príncipe Ezra. Como princesa Onika miro a Príncipe Ezra, podía ver el dolor en su rostro como una lágrima rodó por el lado de la mejilla. Princesa Onika se volvió hacia el Príncipe Ramiro y le susurraba: "¿Cómo conoce a Ezra?" Desconcertado por la pregunta de la princesa, respondió: "Ezra es mi mejor amigo. Crecimos juntos."Como respondió el Príncipe Ramir, miró a Príncipe Ezra y luego miramos a los ojos de la Princesa Onika. Sabía que algo no estaba bien el Ministro. Solicita el intercambio de los anillos, cuando Príncipe Ramiro tomó la mano de la princesa Onika para colocar el anillo en su dedo, no podía ignorar que estaba agitando la mano de ella. Príncipe Ramir acarició suavemente la mano de la princesa y repitió sus votos. Con una sonrisa sospechosa, Príncipe Ramir tranquilizador susurrada a la princesa que la parte más dura casi había terminada. el corazón de la princesa Onika comenzó a latir más rápido que el ministro le dio el anillo a poner en la mano del Príncipe Ramir. Así que muchos pensamientos pasaron por la mente de la princesa, ¡Los mejores amigos! ¿Cómo puedo superar Ezra si son mejores amigos? ¿Cómo puedo estar enamorada del mejor amigo de mi marido? Esto será un desastre de cualquier manera! Si no me caso con Ramir, no hay garantía de que pueda casarse con Ezra. Si me caso con Ramir, voy a ser torturada continuamente cada vez que veo a Ezra! Si avergonzó a mi familia, ningún príncipe va a querer casarse conmigo! Se me quedo sin tiempo. ¿Qué hago? "El ministro aclaró la garganta para recuperar la atención de la princesa Onika. Princesa Onika deslizó la mitad del camino de anillo en el dedo de Príncipe Ramir, respiró hondo y comenzó a decir sus votos mientras su voz se sacudió y se quebró. De repente, la princesa Onika pausa que se quitó el anillo del dedo de Príncipe Ramir. Princesa Onika miró al ministro y Príncipe Ramir. Luego, en un susurro leve, dijo que necesitaba ser excusada. Princesa Onika miró hacia atrás por el pasillo, y luego se volvió hacia su izquierda y derecha para encontrar la salida más cercana y comenzó a caminar hacia la puerta. Reina Cecilia siguió inmediatamente después de su hija como Rey Mateo se dirigió a los padres del príncipe Ramir para asegurar a él que estaba en cargo de la situación.

Como Rey Mateo entró en la habitación donde su esposa e hija eran, antes de que pudiera obtener una sola palabra, dijo la reina Cecilia, "Para. No digas ninguna palabra y mirar a nuestra hija." El rey respondió: "Bueno, pero recuerda que esto es nuestra tradición y le prometí al padre de Príncipe Ramir la mano de Onika en el matrimonio con él y yo soy un hombre de palabra. Si Onika no regresa aquí y se casa con Ramir pronto, no sé si puedo solucionar este problema y esta acción a de vergüenza a nuestro reino ", dijo Rey Mateo. Como Reina Cecilia continuó intentando calmar a su hija, ella pidió al Rey les dan unos minutos a solas.

Como Rey Mateo se dirigió de nuevo a la ceremonia, se disculpó con los padres de Príncipe Ramir por la confusión. Rey Mateo les convenció de que su hija estaba demasiada emocionada y muy nerviosa. La reina compartió que ella era la misma manera en su ceremonia de matrimonio hace muchos años. El padre de Príncipe Ramir respondió que si el príncipe y la princesa no se casaron en ese día no habría ninguna ceremonia de matrimonio para Ramir y Onika más tarde.

Reina Cecilia trató de dar algunas palabras de aliento a la princesa Onika pero nada le parecía ayudar. La reina abrazó a su hija cerca de su corazón balanceo de la princesa en sus brazos y acariciando su cabello, intentando de asegurar la princesa que todo iba a estar bien. A medida que la reina dejó de mecerse a la princesa, ella levantó suavemente la barbilla de la princesa a mirarla a los ojos y dijo: "Vi al príncipe de la fiesta entre los invitados." Las lágrimas cayeron aún más pesadas de la cara de la princesa Onika y confirmaron la hipótesis de la reina Cecilia. "Ay, mi hijita, ¿qué has hecho?" pidió a la reina. Princesa Onika se limpió la cara y pidió hablar con el príncipe Ramiro en privado. Princesa Onika dijo: "Tengo que hablar con él antes de que vaya más adelante este matrimonio."

Príncipe Ramir estaba incómodo y empezó a sentirse frustrado con el retraso y la confusión. Se excusó a otra habitación libre en el lado opuesto de la salida donde estaba la princesa Onika. Príncipe Ezra no sabía qué hacer; quería comprobar Princesa Onika y luego quiso explicar la situación a Príncipe Ramir. Príncipe Ezra decidió quedarse sentado y no añadir más confusión a la ceremonia.

Reina Cecilia volvió a entrar en la ceremonia en busca del Príncipe Ramir. Ella se dirigió a la habitación donde esperó. La Reina notificó al Príncipe de la petición de su hija a hablar con él en privado. Príncipe Ramir estuvo de acuerdo y entró en la habitación donde la princesa Onika le esperaba.

Príncipe Ramir: *Hola*

Princesa Onika: *Hola, lo siento por la confusión. Tengo que decirte algo antes de seguir adelante con la ceremonia de matrimonio. Conocí al Príncipe Ezra hace ocho meses atrás en la celebración anual del festival de mi reino y que seguímos viendo entre nosotros durante unos tres meses sin el conocimiento de mis padres. Nada física ha pasado, pero nos enamoramos en el proceso. Cuando le dije a Ezra Príncipe que yo era prometida y me casara en los siguientes tres meses, estuvimos de acuerdo en no nos vemos otra vez. Esta es la primera vez que hemos visto uno a otro desde entonces. Si no deseas seguir con la ceremonia, entiendo, pero si lo deseas, yo también voy a seguir con la boda.*

Príncipe Ramir: *¿Qué quieres hacer? De cualquier manera, esto no va a terminar bien, porque él es mi mejor amigo. Si nos casamos, causará un problema en mi amistad y si no nos casamos, los resultados serán los mismos. No he visto a Ezra en varios meses a causa de hacer mucho entrenamiento en preparación para nuestro matrimonio.*

Princesa Onika: *La culpa es mía porque él no sabía de la ceremonia hasta el último día que nos vimos.*

Príncipe Ramir: *Esto representa años de tomar de decisiones del parte de nuestros padres para organizar esta ceremonia y* *mucho está en juego. Nosotros hicimos promesas a nuestros padres y los reinos y es nuestra responsabilidad de mantenerlos.*

Princesa Onika: *¿Cree usted que tal vez nos enamoramos y ser felices?*

Príncipe Ramir: *Este no tiene nada que ver con el amor; se trata de que nos convierte en el mejor equipo en el funcionamiento de nuestros reinos. Crecemos en el respeto con tiempo. Si nos enamoramos sería algo extra. Ahora me excuso y te voy a esperar para la continuación de la ceremonia.*

Princesa Onika no estaba contenta de oír la respuesta de Príncipe Ramir. No se imagina una vida feliz con él ni los planes de sus padres tampoco.

Como Príncipe Ramiro entró de nuevo en la habitación vacía, solicitó la presencia de su amigo el Príncipe Ezra inmediato. Cuando Príncipe Ezra entró en la habitación, vio a Príncipe Ramir pasando adelanté y atrás por la habitación; en ese momento sabía que princesa Onika dijo a Ramir la verdad.

Príncipe Ezra: *Ramir, lo siento. Realmente no sabía yo, nunca habría dejar que las cosas lleguen tan lejos.*

Príncipe Ramir: *No necesito su disculpa; Sólo necesito tu* *promesa. Voy a casarme con Princesa Onika hoy y necesito que te mantengas alejado de ella. No intentes de hacer nada para poner en peligro esta boda o nuestro matrimonio.*

Príncipe Ezra: *¿Cómo puedes seguir todavía adelante con esto ahora que sabes lo que sentimos el uno al otro? Como mi mejor amigo, no puedes estar considerando en serio casarse con ella. Nunca le haría eso a usted. Si estás dispuesto a casarse con Onika después de saber que estoy realmente estoy enamorado de ella, entonces es claro que no eres mi amigo verdadero. No la amas; sólo estás preocupado por su orgullo y su imagen.*

Príncipe Ramir: *La verdad es que ambos de nuestros padres estuvieron de acuerdo que sería la mejor opción para nosotros dos y ambos tienen la intención de mantener ese honor.*

Príncipe Ezra: *Tengo que ser honesto, yo quiero casarme con la princesa Onika pero si ella quiere casarse contigo entonces no voy a interponerme en el camino hoy o después.*

Príncipe Ramir: *Entonces es decidido. ¡Esta amistad ha terminado! ¡Vete ya!*

Príncipe Ezra: *Entendido, adiós.*

Príncipe Ezra salió de la habitación; que no había ido a través de las puertas de la ceremonia. Se fue por un pasillo que conducía directamente a la habitación donde estaba Princesa Onika. Príncipe Ezra tocó ligeramente en la puerta mientras él lentamente la abrió y le susurró, "princesa Onika, ¿puedo entrar?" Príncipe Ezra no oyó una respuesta, por lo que continuó a introducirse en la habitación mirando por todas las partes. Príncipe Ezra vio a Princesa Onika dormida en una silla larga. Parecía que lloró hasta quedarse dormida. Príncipe Ezra besó la frente de la princesa y suavemente llamó por su nombre a despertarla. Como Princesa Onika se abrió un poquito los ojos, Príncipe Ezra sonrió y se arrodilló a su lado y confesó su amor por ella y le aseguró que él nunca dejó de pensar en ella y que le gustaría que fuera su esposa. Le prometió que nunca dejaría de amarla o quisiera esta siempre a tu lado. Onika princesa sonrió y respondió: "Quiero casarme contigo también!" Los Príncipes les dieron un abrazo íntimo.

Princesa Onika: *¿Cómo vamos a hacer esto?*

Príncipe Ezra: *Estoy aquí. Podemos hacer el anuncio en juntos.*

Princesa Onika: *Creo que debería salir de la ceremonia y* *dejarme manejar esta parte solo, porque no quiero añadir más vergüenza a mis padres y el reino con los rumores de escándalo.*

Príncipe Ezra: *Lo entiendo, pero debemos decirlo a Ramir juntos. No puedo dejar que lo hagas sola. Hay un pasillo que podemos tomar para ir directamente donde Ramir está, sin pasar por las puertas de la ceremonia.*

Princesa Onika: *Bueno.*

Ezra toca la puerta del Ramir con Onika a su lado. Ezra no dio Ramir la oportunidad de decir nada antes de abrir la puerta. Cuando Ramir vio a Onika y Ezra juntos, él ya sabía porque estaban allí. Onika disculpó repetidamente, pero Ramir no quería oírlo. Ezra trató de redirigir la indignación de Ramir lejos de Onika. Ramir les dará la culpa por humillarlo delante de todos sus huéspedes. Ramir les dijo que eran una vergüenza y una burla a todos los reinos respetados y sus tradiciones históricas. Ramir no podía ver a ninguno de ellos más. Ramir salió de la habitación y luego dispensó a sus padres de la ceremonia y salían del edificio.

Onika rogó Ezra que la deja hablar con sus padres en privado, porque su presencia sólo empeoraría las todo. Ezra no quería dejar Onika para hacer frente a sus padres sola, pero estuvo de acuerdo. Ezra no fue muy lejos, pero aseguró Onika que volvería a su reino dentro de ocho semanas para permitir que las cosas se calmen.

Los padres de Onika notaron la conmoción de Ramir y su padre y decidieron buscarla. Onika vio a sus padres en el pasillo mientras caminaba hacia atrás. Onika avisó a sus padres de su decisión de no casarse con Príncipe Ramiro. Ambos están muy decepcionado con la decisión de Onika, pero Rey Mateo se puso lívido. Onika aseguró a sus padres que iba a hacer el anuncio a los invitados.

Princesa Onika entró en la ceremonia e hizo su anuncio de que ella no se casaba con el príncipe Ramir y expresó sus más sinceras disculpas. Después de todos los retrasos, no había mucho más de choque para los huéspedes. Todo el mundo salió de la ceremonia y se separaron. Princesa Onika salió de la ceremonia y dio instrucciones a su chofer que la regresara al palacio. En el momento en el rey y la reina llegaron afuera, Princesa Onika ya se había ido. Fue un viaje largo, pero pacifico de vuelta al palacio.

AL momento de que el Rey y la Reina entraron en el palacio, la princesa ya había cambiado de ropa y estaba esperando por sus padres en el comedor. Princesa Onika sabía que hay que enfrentar el problema, así que, en vez de esconderse de esta conferencia, se decidió a enfrentarlo como mujer de valor. El rey estaba tan frustrado que no la podía hablar; se fue directamente a su habitación y pidió que nadie le moleste. La reina se sentó con la princesa y explicó cómo el rey se sentía y cómo su decisión afectó a todos los involucrados. La reina recordó a la princesa del amor del rey por ella y aseguró Onika que con el tiempo iba a entrar en razón; Sin embargo, tenía que ser paciente. "Ha sido un día largo para todos. ¿Descansamos, ya? " sugirió la Reina. La princesa estuvo de acuerdo y fue a su habitación.

CAPÍTULO TRES

Durante las siguientes semanas, el Rey no interaccionó ni dijo mucho a la princesa. El palacio y el reino eran también muy tranquila, en un intento de minimizar cualquier empeoramiento adicional al Rey. La princesa nunca ha experimentado este tipo de tratamiento de su padre y la hacía sentir muy incómodo. La princesa decidió tomar un largo paseo en su caballo preferido, Gazel, para despejar su mente y alejarse de toda la tensión. A medida que la princesa montó su caballo fuera del reino de Zalaya, se encontró en un territorio desconocido y la vista era increíble y tranquila. Frente a ella eran millas de terreno hermoso, lleno de árboles de colores lindos, flores y animales que caminan libremente por todos partes. Un río que fluía de manera serena y aguas claras que reflejaba el cielo azul que dividió este terreno hermoso. La princesa yacía en la hierba mirando hacia el cielo; no podía dejar de sentir paz en su corazón y espíritu. Esto era exactamente lo que necesitaba la princesa. A medida que el día se alejó, la princesa comenzó su viaje de regreso a su reino sabiendo que volvería al terreno hermosa el día siguiente.

Después de visitar a los ancianos de su reino comenzó su viaje hacia el terreno hermoso, pero en este día decidió ir a pasar por el río de la Perla, donde ella y el príncipe Ezra juntaron antes. Como Princesa Onika llegó al Río de las Perlas, desde una distancia vio Príncipe Ezra! Como princesa Onika se acercaba, ella saltó de su caballo y corrió a los brazos de Príncipe Ezra. Los dos se abrazaron llena de amor y tampoco quería soltar los brazos. Princesa Onika empezó a contar Príncipe Ezra acerca de cómo todo iba en su reino, que no parece ser mejor y su padre todavía estaba apenas hablando con ella. La princesa no se dio cuenta de que su decisión tendría un impacto negativo como en su relación con su padre y el reino. Prince Ezra trató de consolar a la princesa, pero tenía que decirle sobre lo que estaba ocurriendo en su reino también. Como es tradición, el padre del príncipe habla con el padre de la princesa elegida para casarse con el Príncipe. No era respetable para un príncipe a pedir a un rey por la mano de su hija en la unión directamente. Prince Ezra preguntó a su padre si él iba a hablar con el rey Mateo de su parte en la mano de Onika en el matrimonio. El padre de Prince Ezra declinó rápidamente después de supo los detalles de las circunstancias. El padre de Prince Ezra le prohibió perseguir princesa Onika más porque no quería causar más daños entre los tres reinos. Cuando el príncipe Ezra dijo a su padre que no podía hacer eso, su padre respondió que no iba a heredar el reino, y que tendría que abandonar el reino. Como Princesa Onika miró a los ojos del Príncipe Ezra ambos sabían que estaban solos y nunca serían aceptados por sus reinos. El príncipe Ezra y la Princesa Onika decidieron en tres días que dejarían sus reinos y empezar su vida juntos en otro lugar.

Durante los próximos tres días, no había cambiado mucho en todo el palacio o reino por la princesa Onika. Estaba triste por dejar a sus padres y el reino de esta manera, pero sabía que era su única llave de la felicidad verdadera. Princesa Onika discretamente empaco varios de sus cosas y las escondió debajo de la cama de su partida esa noche. Antes de que la princesa se fue a la cama, se encontró a su madre dentro del palacio y la abrazó con fuerza. Princesa Onika dijo a su madre que les quiso mucho a ella y su padre y se fue a la cama.

A media noche, mientras todo el mundo dentro del palacio y el reino estaban dormidos, princesa Onika huyó. A medida que la princesa tiene todo ensillado a Gazel, ella se marchó para reunir con el príncipe Ezra en su lugar secreto. Una vez que la princesa y el príncipe se encontraron, comenzaron su viaje juntos lejos de ambos de sus reinos. A lo largo de la noche pasaron por varios pueblos pequeños, ningunos de los cuales se sentían como en casa con ellos. También querían evitar vivir en un pequeño pueblo donde los ciudadanos reconocerían como la realeza. Por la tarde, entraron en un pequeño pueblo llamado Nirvana, donde la gente estaba bailando, cantando y pasando un buen rato. Nirvana era el lugar más hermoso que había visto en su vida. Como se bajaron de sus caballos para pasear, les recordaba a la fiesta cuando se conocieron. Los habitantes del pueblo eran muy amables y acogedor para el príncipe y la princesa Ezra Onika sin conocer sus identidades verdaderas. Al instante, ambos sintieron que era el lugar para ellos, por lo que acordaron dar al pueblo Nirvana una oportunidad, además de que estaban muy cansados por el viaje largo.

CAPÍTULO CUATRO

A medida que se instalaron en el pueblo, preguntó rápidamenteacerca de tener una boda pequeña. Los ciudadanos Nirvana estaban emocionados y honrados de acoger la unidad del amor de Ezra y Onika. Todos estaban de acuerdo para fijar la boda para esa noche. Onika y Ezra se separaron cuando ella se fue con las mujeres y Ezra con los hombres de Nirvana para prepararse para la ceremonia. Mientras que los hombres dispuestos para la ceremonia, los hombres mayores comparten sus consejos para tener un matrimonio feliz y exitoso. Las mujeres mayores también compartieron sus historias y sabiduría alentadora para tener un matrimonio larga y feliz con Onika. Ora, una mujer muy estimada de Nirvana, trajo a su propio vestido de novia y se la ofreció a Onika. El vestido de novia que Ora presentado a Onika fue hecho a mano y diseñado por su difunta madre y era muy querido por su corazón. Ora se sintió tan conmovido por Ezra y de Onika amor por los demás que quería que Onika tenerlo. Onika fue honrada que Ora le ofreció un regalo tan excepcional; se calentaba su espíritu. Onika se probó el vestido y se quedó perfectamente; se veía impecable. Onika llevaba la horquilla y el pendiente que recibió de sus padres, porque todavía eran muy especial para ella. Mientras Onika terminó la preparación para la ceremonia, algunas de las mujeres dieron las preparaciones finales en las decoraciones.

Como Onika caminaba por el pasillo que no podía creer lo que veía. Todo parecía muy bonito y esta vez ella estaba emocionada para decir sus votos a su futuro esposo. Onika no podía dejar de sonreír mientras caminaba por el pasillo. Como algunas lágrimas corrían por su rostro, sabía que representaban la alegría y la felicidad que sentía como sus sueños eran ya una realidad. Como Ezra observó Onika caminar más cerca, él también participó de la emoción y la felicidad en su corazón a través de su sonrisa y lágrimas. Después de intercambiar sus votos, Ezra y Onika compartieron su primer beso como marido y mujer.

En el palacio de los padres de Onika, Reina Cecilia se dio cuenta de la princesa Onika nunca volvió de sus actividades de rutina de la noche. Muchas veces cuando

Princesa Onika dejaría al palacio para iniciar su día,
nadie se vería dejar; Sin embargo, cuando el día de
Onika llegó a la conclusión, la reina podría escucharla o
ver a la princesa al regresó. A medida que se acercaba la
noche, Reina Cecilia comenzó a preocuparse y ella
notificó al Rey de sus preocupaciones. Ambos fueron a
ver la habitación de Princesa Onika y nada parecía
distinta. Así que verificó con los criados para averiguar
si alguien había visto a Princesa Onika todo el día, y
nadie fue capaz de proporcionar cualquier tipo de
asistencia. El rey ordenó a los guardias para comenzar a
buscar princesa Onika. Los guardias buscaron día y
noche durante varias semanas, pero no tuvieron éxito;
Princesa Onika no fue encontrada. La reina echó de
menos a su hija mucho y esto crea más tensión entre el
rey y la reina. La reina empezó a culpar al rey por la
desaparición de su hija. La reina dio oraciones a Dios
de que su hija estaba segura, feliz y que ella volvería a
verla.

Un año después, Onika dio luz a los gemelos una
niña hermosa quien se llamaba Athena y un niño guapo
quien se llamaba Elijah. Ezra y Onika continuaron criar
a sus hijos en el pueblo Nirvana. Como Ezra y Onika

observaban sus bellos hijos se conviertan en adultos jóvenes, sabían que tomaron la decisión correcta. A pesar de que Onika y Ezra ya no vivían en sus reinos, todavía criaron a sus hijos con ciertas tradiciones, la ética y otros valores. Ellos inculcaron a sus hijos que eran especiales y seguir siempre sus corazones.

Capítulo Cinco

Una tarde, Onika le dijo a Ezra que estaba lista para volver a Zalaya a ver a sus padres y dejar que sus hijos conozcan a sus abuelos. Onika sentía que sus hijos eran suficientemente grandes para entender las decisiones que tomaron y decidir si quieren conocer a sus abuelos. Ezra estaba de acuerdo de volver a Zalaya, pero no tenía ningún deseo de volver a su antiguo reino. Ezra echó de menos a su hermano más joven, pero sabía que su padre no le daría la bienvenida de nuevo tan fácilmente. Onika no tenía ninguna idea de cómo sus padres reaccionarían o si aceptarían sus opciones y familiares. Onika y Ezra compartieron su historia de identidad verdadera y la vida que les llevó a la villa Nirvana con Athena y Elijah. Athena y Elijah estaban contentos de saber su herencia y no se arrepintieron de ser levantados fuera del palacio y lejos de Zalaya. Athena y Elijah querían que a su casa en el Nirvana y la familia que crecieron a conocer, pero compartían una curiosidad en el cumplimiento de sus abuelos. La noche siguiente, durante de una reunión de la cena, que anunció a sus amigos de su viaje fuera de Nirvana y que no tenían conocimiento de cuándo o si volverían. Al amanecer, se despidieron y emprendieron su camino. Onika tenía sentimientos encontrados; Podía imaginarse que su madre estaría encantada de verlos a pesar de su salida brusco hace muchos años atrás, pero no estaba segura sí o no ella les da las bienvenidas. Onika era muy preocupada en el caso de cómo iba a reaccionar su padre a su regreso, sobre todo como se trató de Ezra. Onika rogó que su padre aceptaría ella y su familia y esto sería una reunión pacífica para todos. A medida que la noche se hizo más profunda sobre el cielo, decidieron descansar en un pueblo cerca del reino Zalaya y continuar sus recorridos por la mañana.

Cuando Onika y su familia entraron en el reino Zalaya, los guardias instatemente reconocieron Princesa Onika y corrieron a su lado para acompañar a todos al palacio. Cuando entraron al palacio, los criados y los guardias gritaron, "¡La princesa está en casa! La princesa está en casa!" Reina Cecilia oyó los gritos, pero no podía entender lo que estaban diciendo mientras caminaba por el pasillo principal. A medida que la reina vio Onika allí de pie, se puso a llorar, "Mi oración ha sido contestada!" La reina abrazó fuertemente a su hija y no quería dejarla ir. La reina estaba tan feliz de ver a su hija que no se dio cuenta había alguien más en la habitación. Después de Onika y la reina se detuvieron de su reencuentro emocional, Onika comenzó a presentar formalmente su madre a su marido Ezra y sus gemelos Athena y Elijah. Reina Cecilia estaba tan abrumado; que no sabía qué decir. Así habían pasado muchos años desde que había visto Onika que ahora ella es una esposa y madre de dos hijos adultos jóvenes. Reina Cecilia abrazó a todos y le dio la bienvenida a la familia. Reina Cecilia aconsejó a los cocineros para preparar una gran fiesta en honor al regreso de la Princesa Onika y amigos mientras estaban sentados en la sala social. Dos de los criados dio Athena y Elijah un recorrido por el palacio, mientras hablaban. Onika preguntó a su madre dónde estaba su padre, y la Reina Cecilia tristemente informó Onika que su padre estaba muy enfermo y que no estaba en un estado móvil. Onika estaba triste por la noticia, pero pidió a verlo. Reina Cecilia advirtió Onika que estaba dormido y que sería mejor no despertarlo en este momento. Reina Cecilia dirigida Onika a la habitación donde estaba

descansando. Onika vio a su padre por de la distancia;
no podía imaginar volver a ver a su padre así.

La cena fue preparada y todos se reunieron
alrededor de la mesa para hablar de todo lo que
experimentaron en los últimos años. La reina compartió
varias historias sobre la princesa cuando ella era niña;
Athena y Elijah realmente disfrutaron de aprender más
acerca de la infancia de su madre. Como ellos la
recordó a Onika de sus historias de la infancia, a
menudo se echó un vistazo a su juventud porque ella
podría referirse a muchos de ellos a Athena. Horas
habían pasado y se estaba haciendo tarde. La reina pidió
que Onika pasar algún tiempo con ella sola mientras
todo el mundo se preparaba para acostarse. Onika
aceptó de buen grado, después de que ella abrazó y
besó a su familia de buenas noches. Reina Cecilia y
Onika se sentó en la alfombra gigante que se coloca
frente de la chimenea en la sala de living. Aquí es donde
la reina y la princesa se acurrucarse y hablar del los
tiempos cuando la princesa era más joven. La reina
expresó su preocupación por el estado del rey y de la
posibilidad de que no sería vivo por mucho más
tiempo. Además, la reina no estaba seguro de si el rey

aceptaría ver Onika y la familia porque todavía estaba muy amargado por la decepción de la ceremonia y su abrupta salida el reino. La Reina aseguró a la princesa que el rey la quería, pero fue difícil a expresarlo porque todavía era muy terco. La reina le preguntó a la princesa si consideraría de regresar al reino Zalaya y que conduce al reino con Ezra. Antes de que la princesa pudiera responder, la reina garantizado que, a causa de a la enfermedad del rey, la reina tuvo que hacerse a cargo por todo el reino. Así que no había nada Rey Mateo podría hacer para que les impiden llevar el reino. La reina sugirió que no hubo que hacer la decisión pronto, pero el reino Zalaya necesitaba un líder que se preocupaba por los ciudadanos y poseía la visión de ayudar a Zalaya seguir creciendo con éxito. La reina pidió que la princesa durmiera antes de que responde y hable con Ezra antes de dar una respuesta precipitada; Onika estuvo de acuerdo. Onika no quería llevar el reino. Creció a querer mucho de su vida en el pequeño pueblo de Nirvana y ella no quería que sus hijos se enfrentan a las presiones y las tradiciones que ella tuvo como un adulto joven. Sin embargo, Onika no quería abandonar los ciudadanos de Zalaya. Rasgado con esta decisión difícil, decidió descansar y discutir con Ezra en la mañana. Reina Cecilia recordó Onika que no necesitaba su respuesta inmediatamente; ella podría tomar su tiempo.

Como llegó la mañana, Onika decidió contar Ezra sobre los detalles de la conversación que tuvo con su madre esa noche. Sorprendentemente, Ezra fue un gran apoyo, ya sea con la decisión, porque sabía la cantidad de importancia que tuvo que el reino Zalaya a Onika, así como estar cerca de sus padres, a pesar de que el rey no era tan receptivo. Ezra siempre está a favor de las decisiones de Onika, sino que también era honesto acerca de sus sentimientos y pensamientos, también. Después de Onika y Ezra discutieron el asunto, decidieron discutirlo con Athena y Elijah para conseguir su entrada. Athena y Elijah estaban contentos de aprender más sobre el reino en que su madre se crio y también conocer a sus abuelos. Sin embargo, Athena y Elijah compartieron emociones mezcladas por dejar los unique amigos y casa que sabían en el pueblo de Nirvana. El pueblo de Nirvana no estaba cerca del reino Zalaya, que era casi un viaje de dos días. Onika todavía no finalizó su decisión de llevar el reino Zalaya, pero ella quería moverse de nuevo a estar más cerca de sus padres.

A medida que pasaba el tiempo, Athena y Elijah se hicieron muy cómodos con los ciudadanos del reino Zalaya y tierras que rodeaban el reino. Athena y Elijah también siguieron a construir una relación fuerte con su abuela, la Reina Cecilia. Onika y Ezra tomaron Athena y Elijah a su lugar de reunión secreta ya la hermosa tierra por el río que Onika encontraron hace muchos años. Athena y Elijah disfrutaron las expediciones distintas en la que sus padres les llevaría, pero fueron más favorables con sus propias excursiones. Durante muchos de las excursiones de Athena y Elijah se encontrarían varias personas de su edad de varios reinos y pueblos. Había una señorita joven que capturó el ojo de Elijah; su nombre era Kaamil. Kaamil y algunos otros amigos se unirían a Athena y Elijah en varias expediciones y actividades fuera del reino.

Una tarde, la reina Cecilia pidió hablar con Onika en privado para preguntar acerca de su decisión de llevar el reino Zalaya. Onika negó la oportunidad de dirigir el reino Zalaya; ella sentía que no estaba en su espíritu o en el mejor interés del reino debido a los desafíos del pasado. Sin embargo, Onika sugirió que

Elijah y Athena conducen Zalaya juntos hasta que uno de ellos decidieron casarse. Onika continuó a declarar que no iba a imponer la misma ceremonia tradicional de sus hijos que le hicieron dejar Zalaya. Onika quería que sus hijos tienen la oportunidad de decidir con quién se casaran o si querían seguir la ceremonia de matrimonio tradicional de Zalaya. Onika convenció a la Reina Cecilia para ayudar a su apoyo Elijah y Athena en su papel de liderazgo. Onika también sugirió que Elijah y Athena serían grandes líderes, porque habían llegado a querer y respetar el reino Zalaya lo mismo que alguna vez lo hizo ella. Elijah y Athena eran muy inteligentes y sabios para su edad. Athena y Elijah regresaron al palacio de uno de sus aventuras fuera del reino con sus amigos. Reina Cecilia, Onika y Ezra se sentaron con ellos para discutir la oportunidad de dirigir un día el reino deZalaya. Reina Cecilia explicó las responsabilidades y obligaciones que vienen con ser un gran líder. Onika y Ezra prometió Athena y Elijah que apoyarían cualquier decisión que los gemelos hacen y se les dijo que tomar tanto tiempo como sea necesario para decidir. Elijah sabía inmediatamente que quería ser rey de Zalaya cuando comenzó la interacción con los ciudadanos y aprender la estructura del reino. Athena no compartía los mismos sentimientos que su hermano, aunque amaba a los ciudadanos de Zalaya y sus nuevos amigos, todavía prevé regresar a la localidad de Nirvana un día. Athena echó de menos a sus amigos y la familia creció a conocer en el Nirvana. Mientras Athena no compartía el mismo deseo de llevar el reino de Zalaya, ella todavía quería experimentar el entrenamiento con su hermano, Elijah. Durante la cena reina Cecilia estaba dispuesto a discutir el destino del reino Zalaya que residir con Elijah, y su preparación para comenzar el entrenamiento para convertirse en rey.

Debido a la formación intensiva de Elijah, él no consiguió una gran cantidad de tiempo libre para ver Kaamil y sus otros amigos. Elijah pidió a tomar un día libre para ver a sus amigos, principalmente Kaamil. Elijah explicó a Kaamil su decisión de convertirse en rey y su deseo de casarse con ella y convertirla en su reina. Kaamil estaba feliz de escuchar que Elijah sentía lo mismo por ella que ella sentía por él. Elijah pidió Kaamil si se uniría a su familia para la cena del día siguiente; ella aceptó. Elijah se encontró Kaamil fuera del reino el día siguiente para acompañarla hasta el palacio. Al entrar en el palacio, todo el mundo se

reunieron alrededor de la mesa de anticipar su regreso.
Elijah les presentó Kaamil a todo el mundo y la
recibieron con brazos abiertos. Kaamil comenzó a
visitar el palacio menudo para el almuerzo y la cena así
que Elijah estaba tan ocupado con la formación que no
podría verla fuera del reino. La familia se encariñó con
espíritu cálido de Kaamil y su personalidad optimista.
Una noche, cuando todos terminaron de cenar y hacer
conversaciones breves; Elijah anunció que él y Kaamil
quería casarse y él estaría visitando a su familia al día
siguiente. Hubo una breve pausa, pero nadie estaba
sorprendido por el anuncio ya que los dos habían
estado pasando mucho tiempo juntos. Sin embargo,
sabían que todos los reinos no compartían en la opción
alternativa al matrimonio arreglado. Reina Cecilia tomó
la palabra para preguntar a Kaamil si sus padres sabían
de sus planes o tendría que averiguar mañana? Kaamil
respondió: "Tenemos la intención de anunciar a ellos
mañana y esperábamos que podría unirse a nosotros."
Onika y Ezra sugirieron adecuadamente la reunión con
los padres de Kaamil antes de anunciar sus planes de
matrimonio. Onika pasó a explicar aún más su
preocupación por las opiniones de la familia de Kaamil
sobre el matrimonio y los arreglos tradicionales. Kaamil

respondió que sus padres no siguen los tradicionales estrictas; se le permite ser parte de la decisión final de la selección de su marido. Onika y Ezra fueron ligeramente aliviado al escuchar eso. Reina Cecilia preguntó Kaamil, "¿Cuáles son los nombres de sus padres?", Respondió Kaamil, "Rey Ramir y la Reina Soma." El corazón de Onika cayó y de mala gana le preguntó: "¿Cuál es el nombre de su reino?" Respondió Kaamil, "El reino de Ashi. "Ezra cerró los ojos, volvió la cabeza y tomó una respiración profunda. Onika y Ezra no tenían que preguntar. Ya sabían Kaamil no les dijo a sus padres que se encontraban. Onika sugirió," lo siento, podría ser que este no sería una buena idea. "Elijah y Kaamil no entendían por qué no sería una buena idea. Ezra y Onika tomaron Elijah y Kaamil en la habitación familiar para explicar con más detalle la situación que se ha producido - haría la unidad de manera desafiante. Como Onika explicó la historia que todos compartían con el padre de Kaamil, Ezra se puso muy irritado y sugirió que Elijah y Kaamil deben dejar de vernos porque, "Ramiro y yo nunca ver a los ojos de nuevo." Elijah y Kaamil suplicaron Onika y Ezra no renunciar a ellos porque realmente se amaban y querían estar juntos. Ezra todavía tenía un montón de ansiedad y una mezcla de emociones hacia Ramir. Onika sugirió, "Tal vez deberíamos tomar unos días para recoger nuestros pensamientos antes de buscar cualquier otra acción." Onika pidió que Kaamil esperar un par de semanas antes de decirle a sus padres y ella debía regresar para la cena de ese día para hablar de cualquier cosa adicional.

CAPÍTULO SEIS

Más tarde de esa noche, Onika fue al cuarto de Rey Mateo a velar por él mientras dormía. Rey Mateo lo hizo obvio que a reina Cecilia que no quería ver a Onika o los niños. Reina Cecilia intentó de comprometer con el Rey, pero no podía comunicar con él y su condición no mejoraba. Onika hacía caso omiso de las demandas del Rey Mateo al venir a verlo mientras dormía. Onika no podía evitar el sentimiento que ella estaba particularmente culposa por la enfermedad grave del Rey. Reina Cecilia sabía que tenía que convencer al Rey de conciliar con Onika mediante por usar otros recursos. Normalmente se necesitaban dos personas, además de la Reina, para cuidar al rey. El rey no era la persona más fácil de cuidar, pues, cuando la reina Cecilia ofreció la enfermera y asistente un descanso temporal, sin duda lo aceptaron. Reina Cecilia pasaba muchas horas cada día junto a la cama del rey Mateo cuando ella no tenía que atender a las exigencias del reino. Como resultado de la reina Cecilia aliviar la ayuda, solicitó la ayuda de Onika en el cuidado del rey.

Reina Cecilia le da a Onika la responsabilidad de la alimentación del rey. El rey declaró que él no necesitaba la ayuda de Onika porque podía alimentarse por sí mismo. Onika se frustró, por lo que puso la bandeja delante de él, y luego se sentó en la silla junto a la ventana y esperó hasta que su madre la excusó. El rey comenzó a sentirse impotente porque apenas podía sostener el utensilio constante para conseguir la comida en la boca sin hacer un desastre por todo el cuerpo. Como resultado de eso, echó la bandeja hacia el suelo y se negó a comer. Reina Cecilia respondió, "Si usted no deja que le ayude Onika, no va a comer." Le dolio la Reina decirle a su marido, pero ella no podía soportar ver su relación continúe en esta manera. En general, Reina Cecilia se sentaba con el rey después de cumplió su atención de rutina hasta que él se caía dormido, pero ese en lugar le indique Onika a quedarse. Rey Mateo les garantizó que no necesitaba Onika quedarse porque prefiere estar solo. La reina no le dio la opción de negociación mientras salía de la habitación. Onika siguió las instrucciones de su madre, pero no intentó de iniciar cualquier conversación con él; ella solo miraba por la ventana. Rey Mateo y Onika sentaron en silencio completo hasta que el rey Mateo se quedó dormido.

Reina Cecilia notificó al personal de cocina que todos los alimentos deben ser preparados y administrados solamente a Onika. Como rutina, un par de horas más tarde, el rey pidió a un aperitivo directamente por de la cocina de intercomunicación. Onika regresó a la habitación del rey con su comida y él declaró que rápidamente perdió su deseo de comer. El rey sabía que tenía hambre, pero su amargura no lo soltaba. "Esto no tiene remedio y no puedo hacer esto", dijo Onika como ella salió corriendo de la habitación.

La reina entró en la habitación y le preguntó al rey: "¿Por qué haces esto a Onika? ¿No has perdido bastante tiempo sin ella? ¿Quiere hacerla sufrir o incluso crecer a odiarte? Usted sabe Onika tiene el corazón más cálidoso y usted sabe que le quiere mucho y busca su perdón. Onika quiere reconstruir la relación que ustedes compartieron antes. ¿Por qué la niegas a ella o a ti mismo de qué? ¡Usted debería avergonzarse de sí mismo, nuestra única hija! ¿Por un segundo ha pensado en que pasara si no la apagó a salir después de la ceremonia de manera tan rápida y quizá tenía una mente más abierta Onika nunca habría ido? " Reina Cecilia continuó, "Yo también estaba herida y enojada por la situación, pero me encanta nuestra hija demasiado que tratarla como a una enemiga. Estoy feliz que ella regresó en buen estado de salud y felicidad. No va a tener paz a menos que esté dispuesto a dejar un resentimiento que sucedió hace décadas. A medida que la reina continuó hablar, el rey no se veía en su dirección y se quedó en silencio. El rey intentó de ignorar todo que la reina estaba diciendo, pero no pudo evitar a escuchar cada palabra. Reina Cecilia se acercó a la cama del rey y le dio un beso en la mejilla. Antes de salir, la Reina le dijo: "Los quiero mucho tú y Onika me rompen el corazón. Ustedes dos no finalizan esta disputa, si no por sí mismos, por favor conciliar para mí. Onika llegará pronto con su cena".

La reina convenció Onika a volver a la habitación del rey, disculparse, y no darse por vencido, sólo hay que permanecer paciente. Como Onika llegó a la puerta de la habitación del Rey Mateo, ella respiró hondo y entró. Rey Mateo sentí casi muerto de hambre, a causa de pasar todo el día sin comer; no se atrevió a rechazar su cena. Onika estaba ligeramente aliviada, pero sabía que era porque no comió todo el día y estaba segura de que tenía mucha hambre. A pesar de que Onika se sentó junto a la cama del Rey Mateo para darle de comer, que no la reconocería con cualquier contacto con los ojos. Después de que el rey terminó de comer, Onika permaneció sentado a su lado en vez de sentarse junto a la ventana o salir. Onika solo se sentó en la silla tarareando su canción favorita de cuando era más joven hasta que el rey se quedó dormido. Un par de días después, Onika decidió romper su silencio.

Onika disculpó por ir contra las reglas de Rey Mateo para ver Ezra, mintiendo a su familia y también para traer la vergüenza a él y al reino. Onika también expresó que no se arrepentía de su decisión de abandonar Zalaya a casarse con su amor, Ezra, y formar una familia. Onika le dijo al rey que no hay otras opciones para obtener su felicidad. Rey Mateo miraba Onika con resentimiento, y luego respondió, "¿Qué opción me diste a mí esperando hasta el día de la boda para decir la verdad sobre su secreto princesa? Usted deshonró, avergonzó a mí y el reino Zalaya delante de todo el mundo. Palabras no pueden expresar la rabia que sentía y parte de mí estaba contento que te fuiste, con la esperanza de que nunca volverás ".

Onika fue sorprendida por las palabras que acaba

de escuchar. Las lágrimas comenzaron a correr por el rostro de Onika, con dolor en el corazón. "Nunca me preocupaba por mi felicidad ni lo que era lo mejor para mí tampoco. Lo único que le importaba era tener un fuerte legado a través de Zalaya y manipular los otros reinos al unirse con el siguiente reino poderoso en África. Usted se retrata como este Rey y padre cariñoso, pero usted está lleno de codicia y está sin corazón mi felicidad nunca fue un factor para usted; ¡eres mentiroso! Todos esos discursos sobre escoger el mejor marido para mí y para mi felicidad eran mentiras. Solo mostraron amor para mí cuando seguí sus comandos y la primera vez que desafío su decisión y seguí mi corazón, me despidió como una plaga molesta. Crecí viviendo para su aprobación. Siempre hacerle orgullso y para que, para que me trates así y ni siquiera quieren conocer a sus nietos hermosos. Ya, basta, no necesito ni quiero tu perdón porque tengo paz con mí mismo y me perdono."

Rey Mateo interrumpió diatriba de Onika y le recordó que todavía era su padre y el Rey. "No me hable de esa forma o tono. ¡Vete ahora mismo!" él dijo.

Onika dirigió bruscamente hacia la puerta y

respondió "Como usted desee, usted no tiene que
preocuparse que vuelva a verte de nuevo." Ella cerró la
puerta detrás de ella.

Onika dijo a su madre del argumento y se negó a
volver a la habitación del Rey Mateo, sobre todo desde
que se declaró que esperaba que ella nunca volvería a
Zalaya. La reina intentó de explicar a Onika que su
padre todavía estaba enojado, herido y no quiso decir lo
que dijo. Él solo estaba hablando de la frustración. La
reina informó Onika de su preocupación y reacción
cuando descubrieron que se estaba perdiendo. "Rey
Mateo nunca dejó de orar por tu seguridad y para que
puedas devolver", dijo la reina. Ella indicó que el rey no
estaba contento con su decisión, pero aún la quería. "El
rey se arrepiente de ser tan estricto y exigente, porque
siente que eso es porque se perdió tantos años de su
vida," dijo. La reina estaba de acuerdo en que Onika no
debe volver a la habitación del rey por el momento,
para darle tiempo para refrescarse y también evaluar lo
que se ha dicho a Onika. Al día siguiente, la reina
Cecilia estuvo acompañado por el auxiliar de enfermería
para cuidar al rey. La reina no mencionó que sabía lo
que sucedió el día anterior. La reina se comportó como

si nada estaba mal. Rey Mateo fue vacilante con sus palabras, ya que Onika no regresó; sabía que la reina sabía algo. No quería crear más tensión con su esposa, por lo que se mantuvo en silencio. En el segundo día, el Rey Mateo preguntó dónde estaba Onika. La reina miró al rey y le preguntó. "¿Le gustaría ver a Onika?" El rey respondió: "Me estaba preguntando para ver si todavía estaba en Zalaya." La Reina no le dio una respuesta directa, pero respondió: "Cuando está listo para ver a su hija, voy a enviar para ella." Rey Mateo permaneció en silencio. A medida que la reina estaba a punto de salir, el rey pidió en voz baja por Onika para llevarle su cena. La reina estuvo de acuerdo con humildad. Cuando Onika regresó a la habitación del rey, estaba tan nervioso porque no sabía qué esperar. Onika se sentó en la silla junto a la cama de su padre después se colocó la bandeja sobre la mesa. Hubo un silencio absoluto mientras le alimentaba a su padre; creía que él quería decir algo, pero él no parecía seguro de cómo. Onika no quería romper el silencio de nuevo por que la última vez fue un desastre. Después de que el rey terminó de comer, Onika permaneció en la silla en silencio.

El Rey se aclaró la garganta y en una voz quebrada

dijo, "Lo siento." El rey trató de aclararse la garganta otra vez y repitió "Lo siento, Onika; Nunca tuve la intención de presionarte tanto y te hacerte sentir como si no estuviera orgulloso o te amara; la verdad es que me trae un gran honor que estás tan elegante, inteligente, de mente fuerte y de buen corazón, no podía pedir por una hija mejor que usted. Debería haber escuchado a usted en lugar de exigir que haga algo que yo pensé que era mejor para usted. Hubiera tenido mente abierta para darse cuenta de lo que ha funcionado para su madre y para mí, no se garantiza que funcione para usted. Rompió el corazón cuando te fuiste y la culpa fue mía por la pérdida de usted y nunca perdoné a mí mismo. ¿Me perdonas? "

Onika saltó de su silla y abrazó a su padre cerca. "Te perdono y lo siento, también. Por favor, perdóname, dijo mientras las lágrimas seguían corriendo por su rostro. Rey Mateo abrazó Onika lo más fuerte que pudo. "Sí, te perdono," dijo. Rey Mateo y Onika no quieren dejar ir a medida que continuaron a abrazandose y compartieron lágrimas. Onika se encontró acostanda al lado de su padre con la cabeza apoyada en su pecho mientras compartían risas e historias. A medida que pasaba el tiempo, la reina Cecilia asomó en silencio en la habitación y se dio cuenta de que habían resuelto sus diferencias. La reina se dirigió a abrazar a ambos con una gran sonrisa, y luego los dejó para ponerse al día. Pasaron las horas, ya que ambos se durmieron. Onika se despertó con el amanecer, así que ella se coló hasta la cocina para sorprender a su padre con un desayuno temprano. Cuando Onika regresó a la habitación, su madre se arrodilló junto a la cama del rey llorando, con la cabeza apoyada en la mano. Onika se dio cuenta de los ojos de su padre aún estaban cerrados y no estaba respondiendo. La bandeja se cayó de los brazos de Onika y ella corrió al lado de su madre. La reina abrazó Onika y le dijo: "Ustedes han hecho su paz, por lo que ahora su espíritu puede descansar." El resto de la familia y el reino fueron notificados de la información sobre el Rey. Más tarde esa noche, el reino organizó una ceremonia en honor de Rey Mateo.

CAPÍTULO SIETE

Elijah y Athena habían completado el entrenamiento intensivo de liderazgo y Athena sintió que era el momento de volver a Nirvana. Athena tenía tantas grandes ideas para introducir al pueblo Nirvana, que no podía esperar a volver. Athena no quería perder el tiempo, por lo que dijo que sus despedidas a los ciudadanos Zalaya y los amigos que hizo desde afuera del reino. Onika decidió acompañar a Athena, porque no se sentía incómoda con la idea que Athena viaja sola. Onika decidió pedir a la reina Cecilia a unirse a ellos, porque Onika se sentía que la beneficiaría de la visita. Reina Cecilia aceptó. Ezra se mantuvo en el palacio con Elijah para ayudar con los requisitos de formación adicionales. Los siguientes dos días las damas comenzaron su viaje hacia el Nirvana. Cuando llegaron al pueblo, los ciudadanos las recibieron con una cálida y amorosa bienvenida. Reina Cecilia fue sorprendida en que hermoso era el terreno y que llena de energía eran los ciudadanos de Nirvana. Los ciudadanos prepararon una gran cena para celebrar su regreso. Por supuesto, los ciudadanos se dieron cuenta de Ezra y Elijah no las. Athena se dirigió a su ausencia en la cena y anunció que era el único de su familia que iba a residir en el Nirvana. Athena informó a los ciudadanos que sus parientes se ha enviado sus saludos, pero tenía otras obligaciones que cumplir.

Después de un día de descanso, Onika y Athena tomaron Reina Cecilia en un viaje a través de Nirvana y sus alrededores. Reina Cecilia nunca imaginó que sería tan hermoso; se sentía como si estuviera en un mundo distinto. Todo era tan pacífico y tranquilo. Reina Cecilia nunca se sintió tan relajada y liberada. Reina Cecilia parecía que todos los colores bellos del cielo se reflejan en el río. Como Reina Cecilia se quedó allí; sintió la brisa calma revitalizar su piel y correr a través de su pelo. Reina Cecilia sentía libre como una niña pequeña. Reina Cecilia tenía ningún problema ni preocupación, ya que se convirtió en uno con la naturaleza. En ese momento, Reina Cecilia tenía un nuevo respeto y la comprensión de espíritu libre de Onika. Reina Cecilia nunca fue de aventura ni espontánea. Cuando era una princesa joven, Reina Cecilia nunca se aventuró fuera de su reino a los lados de los países de África. Reina

Cecilia siempre se restringió al patio reino a menos que viajaba con sus padres. Reina Cecilia también tenía tres hermanos íntimos y cuando eran niños, lo mantuvieron entretenidos activamente en el palacio. Onika y Athena disfrutaron ver a la Reina Cecilia obtener el mismo reconocimiento y la experiencia desde el lugar que ambos crecieron al amor. Reina Cecilia regresó al día a la misma área, a menudo caminando a lo largo del terreno o simplemente tumbarse en el campo viendo el cielo al pasar el tiempo con gracia.

A medida que comenzó a instalarse Athena, Onika le aconsejó sobre cómo estructurar y presentar sus ideas para evitar ser dominantes, agresivos, o brutal. Reina Cecilia también aconsejó a Athena en permanecer humilde, paciente, comprensivo y abierto a sugerencias alternativas. Athena fue agradecida por su madre y la orientación y el apoyo de la abuela. Desde Nirvana fue un pequeño pueblo que no tenían una regla tradicional; Sin embargo, tenían oficiales superiores que toman las decisiones en nombre de Nirvana. Athena pidió a los oficiales superiores de escuchar sus ideas y visiones que tenía de Nirvana. Los oficiales superiores los aceptaron. Esa tarde, Athena llevó a cabo una presentación de sus

pensamientos y de la misión para el crecimiento, el
fortalecimiento y el éxito de la villa Nirvana. Mientras
que la mayoría de los oficiales superiores estaban
emocionados y acogedor de las nuevas ideas Athena
estaba presentando, había unos pocos oficiales
superiores que eran muy desafiante. Athena era segura
en el éxito de su visión y oportunidades que pondría a
disposición de Nirvana. Athena recordó lo que su
madre y su abuela le aconsejaron y ella era capaz de
restaurar la confianza en el respeto a los oficiales
superiores de cobro dudoso. Onika y Reina Cecilia
estaban muy orgullosas de cómo Athena lleva a cabo a
sí misma y se mantiene la compostura incluso cuando
las cosas se pusieron difíciles. Los oficiales superiores
de Nirvana estaban muy agradecidos por el amor y los
sacrificios que ella estaba haciendo para el pueblo. Para
mostrar su gratitud, los oficiales superiores le pidieron a
Athena en honor de su pueblo como la primera reina
de Nirvana. Athena con gracia lo aceptó. Los oficiales
superiores y Onika asistieron a Athena en la selección
de un equipo de apoyo fuerte para asistirla crear y hacer
su visión una realidad. Los oficiales superiores y los
ciudadanos votaron oficialmente Athena como Reina
de Nirvana y la ceremonia se celebrarán los siguientes

días. Onika y Reina Cecilia permanecieron enNirvana después de la ceremonia para ayudar a Athena familiariza con su posición nueva como reina. Onika era feliz y sentía la seguridad de que Athena estaría bien sin su asistencia mientras observaba Athena dominar sus responsabilidades. La mañana siguiente, Onika y Reina Cecilia empezaron su camino de regreso a Zalaya. Onika sabía que todavía tenía frentar la situación con Elijah y Kaamil.

Capítulo Ocho

Onika llegó al palacio después de su largo viaje desde el Nirvana. Sorprendentemente, Kaamil ya estaba en el palacio de visita a Elijah. Onika no estaba lista para entretener a la realidad de su situación; que estaba cansada y sólo quería descansar. Onika sabía que no podía posponerlo mucho más tiempo. Mientras se reunían alrededor de la mesa para la cena, Elijah decidió mencionar la posibilidad de reunirse con los padres de Kaamil para discutir su disposición de matrimonio. Onika podía ver que Elijah y Kaamil estaban enamorados tanto. Onika podía ver el mismo amor que ella compartía con Ezra en Elijah y Kaamil. Onika sabía que "no" no era una opción para ellos tampoco. Le perturbada Onika porque no estaba segura de cómo se llevaría a cabo esta unión sin ningún conflicto. Onika reconoció que Ezra ocultó su sentimiento de culpa y el dolor de la pérdida de un amigo cercano, al mostrar la ira. Onika sólo podía concluir que Ramir sentía lo mismo, además Ramir fue rechazado en el altar y humillado delante detodo el mundo. Onika temía lo peor, pero oró por un milagro.

Onika aún podía ver el desplazamiento de la rabia en los ojos de Ezra cuando Kaamil dijo que era su padre. Ezra trató de mostrar su apoyo durante la cena, pero tuvo problemas con su sentimiento de culpa y la ira hacia Ramir. Ezra trató de decir poco, pero todo el mundo podía sentir la tensión en su voz. Onika sugerido que los tres tengan la cena con Kaamil y su familia. Onika y Ezra estaban de acuerdo en que sería mejor para Kaamil ser honesto y directo con sus padres en lugar de sorprenderlos. Ezra predijo que Ramir no saldría con la cena, y mucho menos el matrimonio, debido a la historia que todos compartían. Onika trató de persuadir a Ezra para reunirse con Ramir primero, para tratar de conciliar sus diferencias. Ezra bruscamente negó e insistió en que nunca sucedería. "Es Elijah y Kaamil que quieren casarse. No estoy forzando o detenerlos, por lo que no se trata de mí", dijo Ezra. Hubo breve silencio en la mesa. Kaamil respondió: "Voy a hablar con mi madre antes de ustedes en la esperanza de obtener su apoyo, a continuación, hablar con mis padres juntos."

Kaamil esperó hasta la mañana siguiente para hablar con su madre sola, mientras que su padre estaba

fuera con su hermano. Kaamil dijo a su madre que
necesitaba ayuda para convencer a su padre para
aprobar el matrimonio. Reina Soma no estaba seguro
de cómo iba a pasar porque ella también estaba
familiarizada con la historia y el odio hacia Rey Ramir
tuvo contra Ezra y Onika. Reina Soma sabía que ni
siquiera esperar hasta que Rey Ramir estaba en un gran
estado de ánimo no estaba garantizada para ayudar
porque sólo una mención de cualquiera de nombre
trajo la ira de sus ojos. Kaamil expresó a Reina Soma,
que no había otra opción. Ella se va a casar con Elijah.
Reina Soma insistió que Kaamil utiliza un enfoque más
sumiso con su padre. Reina Soma también se ofreció a
hablar con el rey Ramir por primera vez del parte de
Kaamil. Kaamil acogió con alegría la ayuda de su
madre. Más tarde esa noche el rey Ramir y su hijo,
Tobias, devolvieron. Reina Soma decidió examinar la
propuesta de Kaamil con el rey Ramir en privado.
Como era de esperar, el rey Ramir se indignó y se negó
a hacer concesiones. Reina Soma trató de calmarlo,
pero él no era receptivo. Rey Ramir llamó a los
sirvientes para llevar Kaamil a la habitación de
inmediatamente. Como Kaamil entró en la habitación
donde sus padres estaban hablando, la reina de

Somadeclaró que Rey Ramir escuchar Kaamil a cabo. Rey Ramiro comenzó a pasearse por la habitación en la frustración.

Kaamil gritó a su padre, "¡Estoy enamorado de Elijah, y quiero que nos casemos! No puedo evitar que nuestros padres están. Por favor, no tratan de separarnos." Kaamil había mantenido siempre un punto débil sobre su padre. respondió el rey Ramir, "Mi hijita, tiene que haber alguien que también podría traer más felicidad que Elijah. ¿No hay alguien que no tenga tanta tensión entre las familias?" Kaamil insistió en que no había nadie más para ella salvo Elijah y le rogó a la aprobación del rey Ramir. Rey Ramir respondió: "Lo siento, preciosa. En este momento, no puedo darle mi aprobación porque no queremos que nuestra familia tenga nada que ver con ellos. Elijah es de una familia que no tiene honor ni la lealtad. En honestidad, yo no quiero que verlo nunca más. " Kaamil respondió serenamente: "Te amo, papito, pero me voy a casar con Elijah. Sólo quiero que lo acepte sin hostilidad." Rey Ramir contempló Kaamil en estado de shock por su respuesta y luego se volvió a salir de la habitación. Reina Soma pidió Kaamil este paciente y no hacer nada impulsivamente. Reina Soma fue tras el rey Ramir y dijo: "No quiero perder a nuestra hija. Esta disputa entre usted y Ezra no vale la pena romper nuestra familia."

La mañana siguiente Kaamil convenció a la reina Soma para ir con ella a Zalaya mientras que Rey Ramir y Tobias fueron a pasar el día. Kaamil sentía si su madre se reunió Onika y Elijah, que podría ayudar. Cuando llegaron al palacio Zalaya, Kaamil introdujo formalmente Onika y Elijah a su madre. Ezra estaba ayudando a Reina Cecilia en una reunión con algunos de los habitantes de Zalaya. Elijah y Kaamil fueron a los patios unido por lo que sus madres pudieran hablar en privado. Onika dijo a la reina Soma acerca de las elecciones que hizo Ezra y cuando sus padres trataron de mantenerlos separados. Onika temía que el mismo podría suceder con Elijah y Kaamil. Reina Soma estuvo de acuerdo y compartió el mismo miedo. Los dos sabían que la parte más difícil sería convencer a su marido para aceptar el matrimonio sin venganza.

Reina Soma y Kaamil llegaron al palacio Ashi ante Rey Ramir y Tobias devolvieron. Cuando regresaron Rey Ramir y Tobias, Reina Soma y Kaamil pidieron que

Rey Ramir acepte a Elijah, Onika y Ezra a la cena para la noche siguiente. Rey Ramir era poco entusiasmo por la idea, pero finalmente accedió. Sin vacilar, Kaamil corrió rápidamente fuera de la habitación para enviar un mensajero y invitarles oficialmente a cenar antes de que el rey Ramir pudiera cambiar suopinión. Como Kaamil regresó a la habitación, ella saltó a los brazos de su padre con una gran sonrisa mientras ella le dio las gracias. Reina Soma se veía al Rey Ramir y sonrió. Ella sabía que esto era un paso en la dirección correcta.

Onika sintió una sensación de alivio cuando recibió la invitación de la cena del mensajero y aceptado. Onika trajo la invitación a Ezra y Elijah. Onika y Elijah tanto contuvieron la respiración mientras esperaban la respuesta de Ezra. Ezra se detuvo con una mirada escéptica en su cara, y luego terminó por aceptar. Onika y Elijah abrazaron Ezra, ya que le dieron las gracias. Onika no estaba esperando una solución rápida, pero se sentía esperanza porque las cosas eran ya van en la dirección correcta.

Onika, Ezra y Elijah llegaron al palacio Ashi. Onika animó a Ezra que recordar que esto fue en apoyo de la felicidad de su hijo. Dentro del palacio, Rey

Ramir recibió el mismo mensaje en referencia a Kaamil de Queen Soma. Como todo el mundo se reunieron alrededor de la mesa, Rey Ramir y Ezra permaneció civilizada. Reina Soma y Onika llevaron la mayor parte de las conversaciones en la cena. Rey Ramir y Ezra apenas hablaban y trataban de evitar el contacto visual con los demás. Esta fue la primera vez que se habían visto desde la ceremonia de matrimonio terrible. Todo el mundo podía sentir la tensión entre Rey Ramir amplificada por la cerveza y Ezra. Hubo un breve silencio en la mesa, y luego Kaamil expresó su entusiasmo por la planificación de la ceremonia de la boda. Rey Ramir respondió: "espero que Elijah no tiene ningunos mejores amigos envidiosos que tratan de sabotear la ceremonia." Ezra se rió y dijo: "Yo sabía que iba a venir; eres tan arrogante y estúpida para realizar el mundo no gira alrededor de usted. Nadie se preocupa por usted, pero usted es demasiado egoísta para darse cuenta de eso. No sé cuántas veces tengo que decirlo, pero yo no lo sabía hasta que vi a Onika caminando por el pasillo! ", Respondió el rey Ramir," Siempre has sido rencoroso de mí y trató de competir conmigo sobre todas las cosas y que era solo una cosa más."

Reina Soma y Onika trataron de calmar a sus maridos, pero los hombres simplemente se hicieron más fuertes de rabia. Onika decidió que era hora de irse mientras se ponía en el brazo de Ezra. Reina Soma dijo a Kaamil camine con Ellis a la puerta mientras ella asistió a su padre.

Reina Soma sacó Rey Ramir a otra habitación y cerró la puerta para detener los gritos. Reina Soma le dijo al Rey Ramir, "!Este no es el momento para eso!" Usted y Ezra necesitan resolver sus diferencias antes de la boda porque este comportamiento escandaloso no puede volver a ocurrir." Rey Ramir respondió, "No voy a la boda. Usted puede estar parado para mí" Reina Soma respondió: "No se puede decir que, se romperá el corazón de Kaamil si no la hace caminar por el pasillo." Rey Ramir dicho, "no voy a parar la boda, eso debería ser suficiente, Kaamil lo hizo claro que iba a casarse con Elijah de cualquier manera no tengo nada más que decir al respecto."

Elijah empezó a sentirse frustrado con el comportamiento de su padre. Elijah recordó las declaraciones de Ezra acerca de cómo era orgulloso y terco Ramir, pero Elijah comenzó a ver esas características en Ezra. Elijah comenzó a tener empatía por los sentimientos de traición con Rey Ramir por su mejor amigo corriendo con su futura esposa. Elijah sabía que no fue intencional, pero la mortificación de Ramir se sentía frente a varias familias, amigos y respetadas figuras de diferentes reinos era comprensible. Elijah sintió que la ira del Rey Ramir estaba justificado. Elijah decidió hablar y le pidió a su padre para pedir disculpas al Rey Ramir para humillarlo sin querer en el día de su boda y burlándose de su amistad. Elijah expresó a Ezra los resultados de sus formas orgullosos y la lógica de la humildad de disculparse por su parte en arruinar su amistad. Ezra trató de justificar su posición, pero cuanto más se escuchó Elijah, Elijah Ezra sabía que era correcto. Ezra decidió volver a entrar en el palacio y disculparse con Ramir. Onika, Elijah y Kaamil se quedaron afuera. Ezra se sintió incluso si Ramir no aceptó su disculpa, su espíritu finalmente estaría en paz. Ezra vio al Rey y Reina Soma sigue hablando en el vestíbulo del palacio. Ezra interrumpió su conversación con modestia y pidió hablar con Ramir en privado. Reina Soma se excusó y dejar que hablen en privado. Rey Ramir fue el primer resistente a escuchar nada Ezra tenía que decir.

Ezra no sabía dónde comenzó, pero sabía que realmente se perdió su mejor amigo. Ezra dijo respetuosamente a Ramir, que lo sentía por la vergüenza que le causaba y alejarse de su amistad durante tantos años. Ezra explicó condetalle la forma en que se perdió su amistad. Ramir aceptó la disculpa de Ezra. Ramir se disculpó por culpar a Ezra para sabotear intencionadamente la boda y su amistad. Ezra aceptó. A pesar de que Ezra y Ramir nunca podrían volver a los muchos años que perdieron, ambos sintieron una sensación de paz. Se abrazaron y luego Ezra salió del palacio. Cuando llegaron al palacio Zalaya, Onika y Elijah expresaron su agradecimiento a Ezra para reconciliarse con Ramir.

CAPÍTULO NUEVE

El día antes de la boda, el reino Zalaya organizó una celebración en honor a su pronto a ser rey y la reina. La celebración duró toda la tarde. Los ciudadanos realizaron un desfile que consistía en tambores, el baile, el canto y otras formas de entretenimiento. Elijah y Kaamil disfrutaron las actividades de celebración y visitar a los ciudadanos para mostrar su agradecimiento. Reina Soma asistió a las festividades solo, porque el Rey Ramir no se sentía cómodo asistiendo solo. Onika le hizo compañía a la Reina Soma durante las fiestas y le mostró todo el terreno. Onika y la Reina Soma compartieron en una conversación sobre su emoción por Ezra y Ramir de conciliar sus diferencias. Ambos se sentían que sus familias se estaban moviendo en una dirección positiva. Como la celebración llegó a su fin, Elijah acompañó Kaamil y la Reina Soma de vuelta al palacio Ashi forma segura.

El sonido de trompetas llenaron el aire en todo el reino de Zalaya como el sol ascendía en el cielo. Reina

Athena llegó justo a tiempo para unirse a su familia
para el desayuno antes de la ceremonia de matrimonio.
Onika felizmente actualiza Athena sobre Ezra y Ramir
reconciliar sus diferencias. Athena se sorprendió, pero
estaba feliz al escuchar la noticia. Athena compartió el
éxito de sus proyectos poniendo en práctica en el
Nirvana. Todo el mundo estaba orgulloso de escuchar
acerca de los logros de Athena. Ellos siguieron
compartiendo risas y disfrutaron de algunos momentos
memorables antes de prepararse para la ceremonia.

A medida que Reina Soma asistiópreparaba para la
ceremonia de matrimonio Kaamil, Soma dio a Kaamil
un par de pendientes que se le dio en su día de la boda
de su madre. Kaamil estaba orgullosa de llevar ellos.
Reina Soma compartió algunas palabras de aliento y los
recuerdos de su día de matrimonio con Kaamil. Rey
Ramir y Tobias también se preparaban para asistir a la
boda. A pesar de que Rey Ramir aceptó la disculpa de
Ezra, todavía se sentía incómodo con el pensamiento
de asistir la boda. Tobias no estaba completamente
contento de ir a la boda tampoco . Tobias idolatraba a
su padre; en sus ojos Rey Ramir no hizo nada malo.
Vivió por amor del Rey Ramir, aprobación y

aceptación. Tobias sintió que Ezra y Onika eran la razón que la reputación del rey Ramir sufrió y no estuvo de acuerdo con la decisión de su padre a aceptar la disculpa de Ezra tan rápidamente. Rey Ramir y Tobias ponen sus sentimientos a un lado para mostrar su amor y apoyo para la felicidad de Kaamil. Ambos sabían lo importante que era para Kaamil ellos estar allí.

Rey Ramiro caminaba con Reina Soma y Kaamil a su carro como él los felicitó por lo bonitos que parecían. Rey Ramir abrazó a Kaamil y le dijo lo mucho que la amaba, y luego se metió en el carro con Tobias. Kaamil estaba feliz de tener el apoyo de su padre en la boda. Rey Ramir y el carro de Tobias siguieron como Reina Soma y el carro de Kaamil abrió el camino a la ceremonia.

Cuando llegaron a la ceremonia, Reina Soma y Tobias fueron acompañados por sus asientos. Rey Ramir y Kaamil se dirigieron a una habitación privada antes de que comenzara la ceremonia. Onika saludó a rey Ramir y pidió hablar con Kaamil en privado. Rey Ramir esperó fuera de la habitación para darles privacidad. Onika le dijo Kaamil que estaba muy orgullosa de ser su suegra y le dio el collar que llevaba

durante la boda de Ezra y Onika. Kaamil tuvo el honor
de llevar el collar. Se abrazaron, y luego Onika procedió
de nuevo a la sala de ceremonia. Kaamil se llena de
alegría tener a toda la gente que ama allí y llevarse bien
con toda tranquilidad. Kaamil estaba más que
entusiasmado con casarse con su verdadero amor.

Kaamil se veía hermosa mientras caminaba por el
pasillo con un vestido largo y blanco precioso adornado
con estampado de flores de oro. Elijah vio como
Kaamil se acercó hacia él; Onika y Ezra nunca los
habían visto tan feliz. Onika y Ezra sabían en ese
momento que tomó la decisión correcta que se aprueba
el matrimonio. Después de la ceremonia de la boda, el
evento de celebración comenzó. La fiestas de
celebración duró toda la noche hasta la madrugada.
Elijah y Kaamil se fueron al palacio Zalaya para
disfrutar de un tiempo a solas antes de las festividades
finalizados.

La mañana siguiente Elijah y Kaamil se prepararon
para la ceremonia de coronación, donde Elijah sería
coronado oficialmente como rey de Zalaya. Ezra aceptó
ser asesor de Elijah y Onika aceptó ayudar a Kaamil en
su papel de reina. Reina Cecilia también supervisaría

Elijah y Kaamil en sus funciones. Reina Soma era de apoyo pero asistió a la ceremonia de coronación solo. Rey Ramir no se sentía cómodo asistir. Después de la ceremonia, todos se reunieron en la sala social del palacio para continuar su celebración.

CAPÍTULO DIEZ

Elijah and Kaamil decidieron contarles a sus familias del embarazo de Kaamil. Ellos lo mantuvieron en secreto antes de la boda, pero Kaamil no puede ocultarlo más. Onika y Ezra tenían sentimientos encontrados acerca de la noticia, pero estaban satisfechos de ser abuelos. Reina Cecilia estaba decepcionado, porque esto sería motivo de deshonra al reino Zalaya. Rey Ramir y la Reina Soma no estaban entusiasmados con la noticia, pero lo estaban aceptando. Rey Ramir estaba decepcionado porque sabía que esto generaría más humillación para su familia. Tobias echó la culpa inmediatamente a Elijah y se indignó con él. Tobias se sintió que Elijah se aprovechó de su hermana y fue responsable de la adición de vergüenza para la reputación de su familia. Tobias odiaba ver a su padre en peligro y sufrir más humillaciones a causa de la familia de Ezra.

Tobias sintió que la única manera de recuperar la reputación de su familia sería derrotar el reino Zalaya en la guerra. Tobias sintió que la falta de respeto permanente a su familia tuvo que terminar. Tobias era el principal sobre los militares Ashi y se encargó de cumplir con los militares para declarar la guerra a Zalaya en honor de su familia. Cuando Reina Soma aprendió del plan de guerra contra Zalaya, exigió que se cancele. Tobias no sería reconocer comandos de su madre. Reina Soma se declaró con el rey Ramir para terminar la guerra antes de que empezara. Rey Ramir se negó a ordenarle a Tobias retirarse de la guerra. Reina Soma argumentó que Rey Ramir lo lamentaría. Cuando Rey Elijah recibió el mensaje de que el reino Ashi estaba declarando la guerra a Reino Zalaya, trató de ponerse en contacto con el palacio Ashi sin ningún éxito. Rey Elijah no quiere ir a la guerra con Ashi, pero sabía que tenía que proteger Zalaya. Reina Cecilia no estaba sorprendido por la noticia. Ella sintió que iba a ocurrir ya sea por la dirección de Rey Ramir o Tobias tarde o temprano. Reina Cecilia había visto que guerras empiezan desde los desacuerdos, la humillación de la familia y las situaciones menos significativos. Onika y Kaamil estaban indignados con la noticia y enviaron mensajeros al palacio Ashi en los esfuerzos para alcanzar la Reina Soma, y todos fracasaron. Reina Kaamil trató de ir a Ashi a hablar con su hermano directamente, pero Rey Elijah estaba en contra. Rey Elijah se sentía que era demasiado peligroso y no quería que se involucren en una situación estresante. Ezra se enfureció cuando oyó la noticia y de inmediatamente organizó una reunión con el militar de Zalaya. Ezra estaba muy familiarizado con la estructura y organización de las fuerzas armadas porque él era el jefe militar de más de su reino como un príncipe. Ezra proporcionado fotos Rey Elijah con los planes estratégicos detallados para la orquestación de los militares para el ataque y la protección. Ezra también informó Rey Elijah que necesitaban el apoyo de los reinos militares fuera para asegurar la victoria de Zalaya. Ezra sugirió Rey Elijah permanecer al lado de la Reina Kaamil y le permitirá manejarlo. Ezra sintió la ausencia del Rey Elijah y la guerra iba a ser abrumador para Kaamil durante su embarazo. Rey Elijah confiaba en su padre y sabía que necesitaba orientación de Ezra, por lo que le dio plena autoridad para adoptar decisiones en nombre de los militares Zalaya. Según lo autorizado por el Rey Elijah; Ezra buscó ayuda de Nirvana a través de un mensajero. Ezra también quería la ayuda de su pueblo antiguo, pero sabía que tendría que hacer esa solicitud en persona. Sin demora Ezra fue a su antiguo reino solo. Ezra no había estado en su reino, ni visto a su familia desde que su discusión con su padre. Ezra sabía que sus posibilidades eran escasas, pero valió la pena el esfuerzo. Ezra llegó a la puerta de su antiguo reino y pidió hablar con el rey. Ezra notificó al guardia que estaba y el guardia lo acompañó hasta el palacio. Ezra sabía que tenía que ser humilde y aceptar lo que su padre tenía que decir. El rey entró en la habitación donde Ezra estaba esperando, excepto el rey no era el padre de Ezra. Era el hermano menor de Ezra, Omar. Ezra se puso de pie para abrazar a su hermano, pero Ezra sólo recibió la mano de Omar. Ezra podía sentir la tensión de su hermano y sabía que esto no iba a ser fácil. Ezra y su hermano estaban muy cerca creciendo, sobre todo después de que su madre falleció. Ezra le pidió a su hermano donde estaba su padre.

Rey Omar: *Papá murió hace 10 años. ¿Por qué estás actuando así como te importa ahora? ¿Qué deseas? ¿Por qué estás aquí?*

Ezra: *En honestidad, necesito la ayuda de su ejército. Ashi ha declarado una guerra escandalosa contra Zalaya.*

Rey Omar: *Usted tiene algún nervio. No ha pensado en*

nosotros lo suficiente como para venir a visitar o asegúrese de que estamos bien en las últimas décadas. Pero ahora necesita ayuda por lo que desea actuar como si nunca abandonó a nuestra familia. Wow, eres tan insensible y egoísta. Eres mi hermano mayor y tuve mucha admiración por ti, pero te alejaste sin mirar atrás. Ahora se supone que debo dejar todo porque necesitas ayuda.

Ezra: *Lo siento, nunca regresó, pero que no quería estar frente a papá. En realidad, nunca nos caemos bien. Lamento que no fue lo suficientemente fuerte que hacer por lo menos visitarte, pero siempre chequeé a través de otras fuentes. Lo siento que no estaba aquí para usted; Nunca me he dejado de nuestra amistad y no he desaparecido. Yo sabía que no iba a recibir una cálida bienvenida de venir aquí, pero estoy en la necesidad de apoyo de su ejército.*

Rey Omar: *Incluso si quería ayudarle, lo que yo no quiero, no sería en el mejor interés de nuestros militares involucrarse o mostrar su apoyo en esta guerra contra Ashi. Todo el mundo puede averiguar esto es una disputa personal con ninguna base.*

Ezra: *Entendido. Fue bueno verte de nuevo y te deseo lo mejor.*

Rey Omar: *Los guardias le mostrará a cabo.*

Ezra sabía que llevaría tiempo, pero sabía que tenía

que corregir las cosas con su hermano. Ezra no
lamentaba haber hecho la oportunidad de reconciliarse
con su padre antes de su muerte. Ezra prometió a sí
mismo que no iba a dejar que ocurra lo mismo con su
hermano. Después de la guerra y cuando todo volvió a
la normalidad; Ezra planeó hacer todo lo posible para
reparar su relación. Cuando Ezra regresó al palacio
Zalaya se mostró reacio a decirle a su hijo que no iban a
recibir ayuda de su antiguo reino. Rey Elijah no se
sorprendió, pero que habían recibido la palabra de
vuelta de la Reina Athena que varios ciudadanos de
Nirvana se ofrecen como voluntarios para luchar con
Zalaya. Los ciudadanos voluntarios de Nirvana se
disponían a llegar para comenzar el entrenamiento con
los militares Zalaya. Rey Elijah estaba nervioso, pero
sabía que no pudo demostrar ningún temor; En su
lugar, aparece la confianza en la victoria de Zalaya
militar sobre Ashi. Ezra sabía que iba a ser difícil para
derrotar a los militares Ashi, pero si los militares Zalaya
se mantuvo enfocados y ejecutan los planes
estratégicos, que podría ser victorioso.

Una vez llegaron los voluntarios Nirvana, Ezra
llevó a cabo una reunión con todos los militares para

revisar las tácticas y enfoque. Ezra sabía que no tienen tiempo que perder y no quieren dar Ashi la oportunidad de dominar Zalaya por un ataque sorpresa sobre la base del reino reales. Ezra sabía que estaba tratando con un ejército más experimentado de modo que no quería dar nada por sentado.El reino de Zalaya era menos experimentado, ya que no estaban involucrados con frecuencia en la guerra en comparación con los otros reinos. La mayoría de los reinos no cuestionaron Zalaya a la guerra, porque eran un activo tan valioso para sus productos, servicios y otros suministros.

Ezra planeó para dirigir el ejército fuera del perímetro del reino Zalaya al caer la noche. Ezra sabía que esto iba a mantener a los ciudadanos a una distancia segura lejos de los campos de batalla. Onika no estaba entusiasmado con Ezra estar en el campo de batalla; ella sentía que era demasiado riesgo. Onika trató de convencer a Ezra que no ir y dejar que el jefe de las fuerzas armadas manejarlo, pero Ezra tomó su decisión final. Ezra se despidió de su familia y les aseguró que regresaría con seguridad. Onika y Ezra se abrazaron fuertemente después de compartir un beso apasionado, y luego Ezra susurraron a Onika, "Volveré." Ezra luego comenzó a provocar a los militares fuera del reino en busca de un lugar que podría configurar. Ezra no quería ir a la batalla con Ashi, pero sabía que no podía rendirse tampoco. Ezra estableció un perímetro de seguridad exterior del reino Zalaya para evitar cualquier militante Ashi de conseguir a través. A lo largo del perímetro, cada militante Zalaya fue emparejado en pequeños grupos, los cuales estaban situadas fuera de la vista.Los militantes Zalaya fueron instruidos para atacar cualquier militantes Ashi que intentaron infiltrarse sin duda. Una persona de cada grupo era responsable de permanecer alerta mientras los demás descansaban para evitar una emboscada. Como llegó la mañana, Ezra comprueba en cada grupo y verificarse que no había militantes Ashi. Ezra decidió al caer la noche, iba a reubicar a los militantes Zalaya más cerca hacia el frente de batalla. Esto les dará una mejor vista de los militantes a Ashi cuando lleguen. A medida que el sol levantó al día siguiente, Ezra se sorprendió al escuchar que nadie había visto e oído cualquier actividad de los militantes Ashi. Los militantes Zalaya comenzaron a cantar victoria sobre los militantes Ashi porque nunca vinieron a la guerra. Ezra alentó a los militares Zalaya que mantener la concentración porque esto podría ser parte del plan de su enemigo. Ezra sabía que iba a ser una batalla; él simplemente se preguntó acerca de cuál es la estrategia que estaban usando. Ezra decidió no mover los militares Zalaya más cerca de la línea reino Ashi porque eso podría ser un engaño. Ezra también sabía que tenía que mantener a sus militantes concentrados, porque Ashi podría estar esperando por sus guardias para estar abajo a los ataques. Antes de que cayó la noche, Ezra se reunió con todos los militantes y les aseguró que sera probablemente la noche del ataque de la milicia Ashi. Ezra advirtió que los militares Zalaya Ashi se aprovechan de su ignorancia, así que estad atentos. No había ninguna indicación de las fuerzas armadas Ashi durante toda la noche. Durante la mañana temprano antes de la salida del sol, Ezra oyó el primer sonido de los militares Ashi. Ezra alertado discretamente los militantes Zalaya para mantener sus posiciones y se preparan para el ataque y la defensa. Ezra pudo ver que tenía Zalaya más militantes que Ashi, pero no subestimar sus habilidades. Cuando comenzó la lucha real, Ezra dirigió su pequeño grupo en un camino diferente. Ezra había navegado un camino que podría ponerlos detrás de los militares Ashi para ejecutar una emboscada. A la espera de los militares Ashi en llegar para la batalla, Ezra estudió y se convirtió en familiarizado con el terreno, el aprendizaje de los caminos secretos y diseños. Con la ayuda de su pequeño grupo de militantes Zalaya, Ezra fue capaz de dar lugar a la captura del jefe militar de Ashi, Tobias, durante un ataque sorpresa. Ezra sabía con esta influencia, podría terminar finalmente esta guerra y prevenir los conflictos futuros. Tobias fue enviado a la prisión Zalaya para la celebración de hasta Ezra podría negociar algunos términos con Rey Ramir. Ezra no tenía ninguna intención de hacerle daño a Tobias, pero no podía dejar que Rey Ramir sabía. Rey Ramiro fue notificado de la captura de Tobias por los militares Zalaya. Rey Ramir ya se sentía culpable de perder su relación con su hija, Kaamil; no podía imaginarse perder a Tobias, también. Rey Ramiro ordenó directamente Ashi militar a retirarse de la batalla. Rey Ramiro envió un mensajero para solicitar las palabras de demandas de Ezra a cambio de la liberación segura de Tobias. Ezra requiere que Rey Ramir para firmar un acuerdo de tratado de paz para detener de forma permanente hostilidad ahora y en el futuro entre los Ashi y Zalaya. Rey Ramir accedió a las demandas de Ezra y, a cambio Tobias sería puesto en libertad en tres días de regreso a su reino de Ashi.

Reina Cecilia quedó impresionada por la táctica y la capacidad para dirigir los militantes Zalaya a la victoria de Ezra. Onika estaba feliz de ver Ezra y Rey Ramir ambos firmaron el tratado de paz. Onika estaba sobre todo orgullosa de Ezra, por su gran honor y tácticas en la restauración de la paz a Zalaya. A pesar de las acciones inmerecidos de Tobias, Onika todavía quería que las familias para resuelvan sus diferencias y construyan una relación fuerte. Onika tenía la esperanza de que el embarazo de Kaamil ayudaría a traer las familias más cerca.

Reina Kaamil fue avisitar a su hermano mientras estaba en la cárcel de Zalaya. Los guardias le permitaron entrar en la cámara de Tobias, pero permanecieron cerca. Reina Kaamil le preguntó sinceramente a Tobias para poner fin a toda su hostilidad hacia su familia política. Reina Kaamil le dijo Tobias; si él hace que le pase nada a su marido o familia política, que nunca se lo perdonaría. Reina Kaamil rogó a su hermano mediante la expresión de su amor por él, su familia, marido y su hijo no nacido. Reina Kaamil dijo Tobias de su deseo de que sea una parte de su vida

y la vida de su hijo no nacido. Reina Kaamil le dijo a
Tobias que no quería vivir sin él en su vida, pero no iba
a dejar a su marido tampoco. Tobias le prometió a su
hermana que iba a hacer un esfuerzo para ella. Reina
Kaamil y Tobias se abrazaron y luego se fueron a su
recámara. Tobias esperaba su liberación de la prisión
Zalaya al día siguiente.

Despues de la liberación de Tobias; Ezra
acompañó a los guardias para el reino de Ashi. Rey
Ramir y la Reina Soma esperaban en las puertas del
palacio mientras escoltaban a Tobias. Rey y la Reina
Ramir Soma abrazaron Tobias y le dieron la bienvenida
a casa. Rey Ramir pidió hablar con Ezra en privado.
Los guardias esperaron afuera del palacio. Rey Ramir le
agradeció a Ezra para mantener a Tobias seguro y se
disculpó por el dolor que fue causado. Rey Ramir elogia
a Ezra en sus admirables tácticas. Rey Ramir aseguró
que Ezra su agradecimiento por la seguridad de sus
hijos ha superado cualquier hostilidad que una vez tuvo
hacia él. Ezra humildemente aceptó la disculpa del Rey
Ramiro. Ezra y Rey Ramir se abrazaron.

Cuando Ezra salió de las puertas del palacio; el
guardia le notificó que Reina Kaamil estaba de parto.

Ezra regresó corriendo al interior del palacio para notificar Rey Ramir y la Reina Soma. Ezra sugirió que vuelvan a Zalaya con él. Ezra consideró que sería grande para recibir a su primer nieto en el mundo juntos como una familia. Cuando llegaron al palacio Zalaya; Onika y Rey Elijah estaban en la habitación con la Reina Kaamil y el médico. Reina Cecilia esperó en el vestíbulo de palacio a que lleguen. Desde el vestíbulo todos podían oír los gritos de la Reina Kaamil para la presencia de su madre. Reina Cecilia acompañó a la Reina Soma a la habitación donde estaba Kaamil. Kaamil estaba tan feliz de ver la cara de su madre; se echó a llorar. Rey Ramiro, Ezra y Tobias no tenían ganas de salir en forma inmediata; decidieron esperar fuera de la habitación. Momentos más tarde, el próximo sonido que llenaba el palacio Zalaya fue el sonido de un bebé. Reina Cecilia se asomó por la puerta y dirigió Ezra, Ramir y Tobias en la habitación. Kaamil tuvo el placer de ver a su padre y hermano. Todos ellos tomaron turnos de dar abrazos y felicidades a Reina Kaamil y Rey Elijah y saludo del bebé. La emoción y la alegría que todos sentían disminuyeron cualquier pensamiento de agresión del pasado. Reina Kaamil y Rey Elijah decidieron llamar a su hija Shalaya. Esto representó el amor que unía el reino Ashi y Zalaya.

El Fin